Monika Ständecke

Perlenstaucher, Stulpen, Stutzen

Strickanleitungen mit Geschichte

Husum

Umschlaggestaltung unter Verwendung von Motiven aus dem Buch

Bibliografische Information der Deutschen Nationalbibliothek

Die Deutsche Nationalbibliothek verzeichnet diese Publikation in der Deutschen Nationalbibliografie; detaillierte bibliografische Daten sind im Internet über http://dnb.dnb.de abrufbar.

Text und Zusammenstellung: Monika Ständecke
Anregungen und praktische Hinweise: Helga Ständecke und Edith Werner

9. Auflage 2024

Gesamtherstellung: Husum Druck- und Verlagsgesellschaft
Postfach 1480, D-25804 Husum – www.verlagsgruppe.de
ISBN 978-3-89876-509-1

Vorwort

Zur neuen Ausgabe

Das dritte Mal legen wir jetzt schon eine Veröffentlichung zu Perlenstauchern vor. Für deren Texte und Zusammenstellung sorgte Monika Ständecke. Anregungen und praktische Hinweise steuerten Helga Ständecke und Edith Werner bei.
Zuerst haben wir dem Thema 1996 ein dünnes, kopiertes Heft gewidmet. 2004 folgte dann das farbig bebilderte 68-seitige Heft „Perlenstaucher". Es erschien 2006 zum zweiten Mal im Selbstverlag. Für die neue Ausgabe im Husum Verlag konnte dieses Heft in allen Teilen erweitert, verbessert und ergänzt werden. Neu ist der Absatz zur Herkunft der historischen Vorlagen. Die kostümgeschichtlichen Anmerkungen sind weiter ausgearbeitet. Nur die Detailstudie zu Unterfranken ist im Wesentlichen geblieben. Die schon bekannten Anleitungen wurden zum großen Teil überarbeitet. Außerdem ist eine größere Anzahl neuer Mustersätze dazugekommen. Dies wäre nicht gelungen ohne das Entgegenkommen von Roswitha Düchs aus Eichelsee, Angeline van Baarsen aus Rockanje/Niederlande, Maria Geiß aus Mitterbrünst-Büchlberg, Ilona Bierling vom Sorbischen Museum Bautzen, Monika Hoede von der Trachtenkulturberatung des Bezirks Schwaben und vieler anderer Frauen, die uns bereitwillig ihre Schätze aus Großmutters Zeiten gezeigt haben. Das Engagement des Husum Verlages hat auch ermöglicht, die Bebilderung und das Layout deutlich zu verbessern. Für das alles möchten wir uns an dieser Stelle herzlich bedanken!

Pfaffenhofen, 2010

Zur ersten Ausgabe

Wohl jeder, der sich für Trachten begeistert, hat etwas gefunden, an dem ihm besonders liegt. Mit diesem Detail beschäftigt er sich dann sehr intensiv. So ging es uns mit den gestrickten „Stäucherle“. So nannte man in Bergrheinfeld bei Schweinfurt die gestrickten Halbhandschuhe und Pulswärmer. „Stulpen“ ist heute wohl die geläufigste Bezeichnung für dieses Kleidungsstück. Es handelt sich im Vergleich zu Pullovern, Westen oder Jacken um kleine Strickwerke. Sie sind relativ schnell fertig und beim Arbeiten wächst die Spannung, ob aus dem langen Strang aufgefädelter Perlen wirklich ein Muster wird.

Wir – meine Mutter Helga Ständecke, meine Schwester Edith Werner und ich – haben uns bemüht, historische Stücke kennenzulernen, Muster zusammenzutragen und nachzuarbeiten. Dabei ging es uns nicht um eine möglichst genaue Rekonstruktion der historischen Stücke. Wir haben mit den Vorlagen bisweilen auch kreativ gespielt, Muster vereinfacht, sie unserem Geschmack und den handelsüblichen Materialien angepasst.

Unser herzlicher Dank gilt allen, die uns ihre alten Schätze zum Fotografieren und Nacharbeiten zur Verfügung gestellt haben. Die Anleitungen sollen Anregung geben, selbst auszuprobieren. Daher sind auch Muster aufgenommen, die wir selbst noch nicht nachgearbeitet haben. Die Namen der Muster verweisen größtenteils auf die Fundorte der Stücke, die zu Vorbildern unserer Kreationen wurden. Wir wünschen uns, mit dem Buch unsere Begeisterung für die schönen und gerade in der kalten Jahreszeit sehr nützlichen Staucher weitergeben zu können. Wie wir bei Trachtenmärkten und in Nähkursen gemerkt haben, ist das Stulpen- und Staucherstricken durchaus ansteckend. Lassen sie sich herausfordern!

Pfaffenhofen, 2006

Staucher im Allgemeinen und Besonderen

Eine kleine Begriffsgeschichte

Der Begriff „Staucher“ war laut dem „Deutschen Wörterbuch“ von Jacob und Wilhelm Grimm eine in hochdeutschen Mundarten weit verbreitete Nebenform zu „Stauche“ und hatte verschiedene Bedeutungen.[1] Es stand nach Quellen des 18. Jahrhunderts im Schwäbischen für „Vorderärmel“, im Bairischen für „Vorsteckärmel“, in Nürnberg, Würzburg, Schwaben, Württemberg, Henneberg und manchen Rheingegenden für „Muff“. Die Verkleinerungsform „Staucherle“ bezeichnete vielerorts ein Paar kleine Muffs und im Elsässischen auch wollene Fausthandschuhe. Im Fränkischen hießen kurze Handschuhe ohne Finger „Staucher“ oder „Stäucher“.

Nähere Erläuterungen zum Aussehen solcher Staucher geben zwei Wörterbücher. Alois Ruckert hielt in „Unterfränkische Mundart“ (Würzburg 1901) fest: „Staucher“ oder „Staucherla“ seien „gestrickte oder gewebte, über die Handgelenke gezogene, gegen die Kälte schützende Bekleidungsstücke“. Sowohl der Begriff als auch der Gegenstand waren also im 19. Jahrhundert weit verbreitet. So schrieben auch Martin Ernst und Hans Lienhart in „Die Mundart des mittleren Zornthales“ (Straßburg 1886–1888) „Staucher“ nenne man im Elsass „Pulswärmer, eine Art gestrickter Manschetten, oft mit Glasperlen besetzt, zum Warmhalten der Hinterhand und des Vorderarms“. In unterfränkischen Dörfern hießen die Staucher umgangssprachlich „Stäucherli“, „Stutzerla“, „Strupfer“ oder auch „Strümpf“ und „Söckli“.

Die letztgenannten Begriffe kann ich mir dank meiner vor gut zwei Jahrzehnten hochbetagt verstorbenen Großtante Zita Breitenbach erklären, die in Grafenrheinfeld lebte. Die in einfachen Verhältnissen sehr sparsam wirtschaftende Frau hat zu ihrer obligatorischen Kittelschürze an kühlen Tagen oft abgeschnittene Strumpfschäfte als Pulswärmer getragen. Ein beige-schwarz gemustertes Paar aus Kunstfaser ist mir in Erinnerung geblieben. Solche Strümpfe dürften in den 1960er-Jahren aktuell gewesen sein. Sie hat sie abgeschnitten und, fein säuberlich gesäumt, unter ihrer geflickten Werktagsbluse angezogen. Mich hat das beeindruckt, weil es außergewöhnlich war. Bestimmt war sie nicht die Einzige, die ausgediente Strümpfe so umnutzte.

Für meine Ausführungen verwende ich im Folgenden oft den Begriff „Staucher“. Er kann ebenso wie die Dialektausdrücke für Pulswärmer (ohne Daumenloch), Halbhandschuhe (mit Daumenloch oder angestricktem Daumenstück) und Ärmlinge (Unterärmel) stehen. All diese Formen sind mir auf der Suche nach historischen Vorlagen begegnet. Hört man sich weiter um, tauchen noch ganz andere auf: im Osten Deutschlands z. B. „Müffchen“, im Süden „Handschdrizl“. Und diese Liste ließe sich bestimmt noch verlängern.

Die Herkunft der historischen Vorlagen

Am Anfang dieser Suche stand die Begeisterung für gestrickte Staucher mit Perlenmuster, wie sie noch in den 1980er-Jahren von alten Trachtenfrauen im Landkreis Schweinfurt (Unterfranken) zum Kirchgang getragen wurden. Staucher gehörten früher nicht ausschließlich zur bäuerlichen Frauenkleidung. Sie konnten modisches Accessoire und wärmende Winterkleidung für jedermann sein. Staucher sind auch heute keine gängigen Trachtenaccessoires. Die Satzungen der meisten Trachten-Erhaltungs-Vereine enthalten Bestimmungen zu Farbe, Form, Trageweise der verschiedensten Kleidungsteile, aber nicht hierzu. Den Pulswärmern und Handschuhen wird vonseiten der Trachtenpflege erst allmählich mehr Aufmerksamkeit geschenkt.

Von Halbhandschuhen in der Mode früherer Zeit und Stauchern in Unterfranken wird später noch die Rede sein. Vorerst möchte ich kurz auf weitere Regionen verweisen, in denen wir historische Stücke gefunden haben, die wir als Vorlagen nutzen konnten. Wir haben nicht systematisch überall nach Stauchern und Stulpen gesucht, aber dennoch gesammelt, was uns an Belegen begegnet ist. Acht Anleitungen zu Stauchern aus Mittelfranken stellt ein Handarbeitsband der Trachten-Beratungsstelle dieses bayerischen Bezirks vor.[2] Zudem dokumentiert er die Verbreitung von Pulswärmern anhand von Originalstücken und historischen Fotografien. Uns wurden aus Mittelfranken z. B. wollene schwarze, weiße und bunt gestrickte Pulswärmer gezeigt, die dort zur Frauenkleidung gehörten. Aus Kirchanhausen im Altmühltal sind uns weiße baumwollene mit roten Perlen bekannt, die aus dem Nachlass eines Mannes stammen (S. 35)[3]. Darüber hinaus weißgrundige mit bunten Perlen und bunt gestreifte (S. 113). Zur Tracht in der Fränkischen Schweiz gehörten laut Katalog des Fränkische-Schweiz-Museums Pottenstein ebenfalls gestrickte „Händsteckerla“ mit aufgestickten Mustern und eingestrickten Glasperlen. Rau rechts gestrickte, schwarze Wollstaucher mit Häkelrand waren z. B. Teil der Sonn- und Feiertagstracht einer 1911 geborenen Frau aus Hohenmirsberg.[4] Bei Trachtenmärkten in Oberfranken wurde uns zwar immer wieder von alten „Armsteckerla“ und „Schieberla“ erzählt, gesehen haben wir aus dieser Gegend aber noch keine. Im Oberbayerischen haben sich z. B. schwarze wollene Pulswärmer mit aufgestickten Perlen aus späterer Zeit erhalten. Diese „Handschdrizel“ gehörten einer 1875 geboren Frau aus Obertaufkirchen zwischen Dorfen und Mühldorf. Im Dachauer Museum existiert ein Paar Halbhandschuhe mit goldener Stickerei, das aus der Region kommt.[5] Im Heimatmuseum von Simbach am Inn in Niederbayern werden hochrote wollene Pulswärmer für Frauen mit goldfarbigen Perlen aufbewahrt (S. 116). Kurze mit Perlen verzierte „Stößer“ gab es auch in der evangelisch geprägten Schwäbischen Alb (Anleitung S. 42).[6]

Neben den kurzen Stauchern, die das Handgelenk gerade bedecken, waren auch Ärmlinge sehr verbreitet, das waren richtige Unterärmel. Sie wurden zu Jacken oder Hemden mit halb- oder dreiviertellangen Ärmeln getragen. Zur kurzärmeligen Tracht des Aichacher Landes in Schwaben gehörten z. B. gestrickte oder gehäkelte Ärmlinge (S. 75). Sie waren allerdings nicht mit Perlen verziert. In anderen Gegenden zeigten die Unterärmel besonders bunte, flächige Perlenmuster. Besucher des Gredinger Trachtenmarktes von 2002 konnten Frauen einer Trachtengruppe aus Schaumburg-Lippe bewundern, die solche Ärmel trugen. Sie werden „Handschen“ oder „Hanschen“ genannt. Für den vorliegenden Band haben wir zumindest zwei Paar einmal näher beschrieben (Anleitung S. 82). Die hier abgebildeten Handschen stammen aus dem Museum für europäische Volkstrachen in Wegberg-Beek.

Die Sorbinnen in Ostdeutschland trugen zu ihren Trachten gestrickte Pulswärmer, Ärmlinge oder fingerlose Handschuhe mit bunten Ringeln oder Perlenmustern. Auf Sorbisch heißen sie „rukawki“, „rukajcki“ oder „rukawcki“ von „ruka“, die Hand. Die in Trachten-Sammlungen aufbewahrten Stücke stammen in der Regel aus der ersten Hälfte des 20. Jahrhunderts. Etliche sind in den Bänden zur Tracht der Sorben abgebildet, die 1977 bis 1991 im Domowina-Verlag in Bautzen erschienen sind. Sie behandeln Trachten aus der Gegend von Senftenberg/Spremberg, dem Bautzener Land, dem Raum Hoyerswerda, Schleife und Cottbus. Einige Originalstücke bewahrt auch das Sorbische Museum in Bautzen auf. Evangelische wie katholische Sorbinnen trugen diese Accessoires bei kirchlichen und weltlichen Festen sowie im Alltag. Grüne Pulswärmer mit weißen Perlen waren z. B. Teil der traditionellen Festkleidung um Hoyerswerda, die die Frauen als Brautjungfer, Braut, Patin, Abendmahlsbraut oder Ehrenbrautmutter trugen (Anleitung S. 32). Schwarze Stücke mit weißen und schwarzen Perlen gehörten zum Kirchgang um Senftenberg/Spremberg (Anleitung S. 43). Aus dem Bautzener Land haben sich weiße Pulswärmer mit einem Muster aus glasigen Perlen erhalten. Ein Paar roter Pulswärmer mit roten Perlen stammt aus Schleife und war für ein Kind gedacht. Charakteristisch für alle Stücke sind rundum laufende Zacken- und Streifenmuster, die in einen rau rechts gestrickten Grund eingearbeitet sind. In der Gegend um Hoyerswerda überdecken sie die Pulswärmer in ihrer vollen Länge. Neben diesen Stulpen gab es dort aber auch sehr farbenfrohe rund gestrickte. Auf einem Trachtenfoto, das das Abholen der Patengeschenke zur Fastnacht nachstellt und in den 1930er-Jahren entstand, trägt ein Mädchen aus Jänschwalde bei Cottbus lange rote Stulpen mit Ringeln in Schwarz, Gelb und Weiß zu ihrer kurzärmeligen weißen Bluse. Sie reichen bis weit über die Ellenbogen und wärmen die bloßen Arme anstelle einer Jacke. Fast ebenso lange, geringelte Halbhandschuhe mit angestricktem Daumen sind auch typisch für die Tracht um Schleife. Als Grundfarben tauchen dort Schwarz für den Kirchgang, Grün für den Festtag, Blau und Violett zum Ausgehen oder Rot für Kinder auf.

Weitere historische Staucher aus anderen Orten konnte die Autorin im Laufe der Zeit dank der Mitwirkung aufmerksamer Leserinnen zusammentragen. In das vorliegende Buch sind so z. B. die Anleitungen zu Stauchern aus Kirchanhausen (Anleitung S. 35), Krumbach (S. 76), Spalt (S. 48, 49 u. 80), Stein (S. 50), Ostpreußen (S. 41) und dem niederländischen Delden (S. 27) gelangt.[7] Hat man sie erst entdeckt, setzt sich die Anziehungskraft der alten Stücke allenthalben wieder durch. Auch im norwegischen Hallingdal gehörten attraktive Perlenstutzen einmal zur ländlichen Hochzeits- und Kirchgangskleidung. Auch sie haben bereits begeisterte Nachahmerinnen gefunden.[8] Dennoch sind solche Perlenstrickereien in der großen „Welt der Perlenobjekte“ bisher kaum bemerkte Randerscheinungen.[9]

Zur Kostümgeschichte des Accessoires

Die Geschichte des Halbhandschuhs, ob mit oder ohne eingearbeitetem halbem Daumen, ist selbstverständlich eng mit der des Handschuhs verknüpft.[10] Lederne Halbhandschuhe waren bei vornehmen Damen bereits im 15. Jahrhundert begehrt. Sie konnten über dem Handrücken in Spitzen auslaufen, ließen die Finger frei und die Hände auf diese Weise elegant lang wirken. Im 17. Jahrhundert verbreiteten sich neben den Lederhandschuhen zunehmend Fingerhandschuhe aus maschinell gewirktem Seidengarn. Im 18. Jahrhundert nannte die wohlhabende Dame ihre Halbhandschuhe zur modischen französischen Robe „mitaines" ihr Eigen. Sie waren aus Leder oder zur Rokoko-Garderobe passenden Seidenstoffen gefertigt (S. 105), teilweise reich verziert und mit Schleifen, Rüschen und Bandrosetten geschmückt[11]. Zur Zeit der Französischen Revolution (1789–1794) machte sich jeder, der Handschuhe trug, verdächtig, ein Royalist zu sein, weswegen sie in manchen Kreisen gemieden wurden. Da die gesellschaftlichen Regeln den Damen jedoch diktierten, bei offiziellen Anlässen nicht mit bloßen Armen zu erscheinen, behaupteten die Handschuhe ihren Platz in der allgemeinen Mode weiterhin in allen Variationen. Zur Empiremode (1795–1815/20) mit kurzärmeligen Chemisenkleidern – hemdartig, mit hoher Taille, aus dünnem Stoff – passten sie abseits politischer Zeichenhaftigkeit hervorragend. Modekupfer dieser Zeit geben uns Aufschluss darüber.[12] Chemisenkleider legten sich freilich meist nur begüterte Frauen hoher gesellschaftlicher Schichten zu. Im Biedermeier (1815–1848) gehörte der Handschuh ebenfalls zu ihrer Grundausstattung. Bevorzugt wurden Halbhandschuhe aus Tüll, Spitzen oder solche, die in Strick-, Häkel- oder Filetarbeit ausgeführt waren. Hauptsache, sie brachten die vornehm blasse Haut der Arme zur Geltung. Vielerorts sind cremefarbene, weiße oder schwarze Baumwollstaucher mit Lochmustern überliefert. Teilweise wurden sie von Hand gestrickt, teilweise maschinell gefertigt.[13] Ihr Grundmaterial war Wolle, Seide oder Baumwolle, die ab dem letzten Viertel des Jahrhunderts auch glänzend, mercerisiert in den Handel kam[14]. Gerade um 1900 herum wählten Damen zum langen Ausgehkleid gerne ein Paar durchbrochene Halbhandschuhe aus schwarzer oder weißer Spitze.[15].

Es stellt sich die Frage, in welcher Form Frauen in Stadt und Land allgemein Anteil an der Handschuhmode hatten. Aus den letzten Jahrzehnten des 18. Jahrhunderts sind uns häufig schon Porträts bürgerlicher Frauen überliefert (S. 104), daneben auch Kupferstiche, die typische Kleidung aus verschiedenen Regionen präsentieren. Man kann sich also ein Bild von der Kleidung dieser Zeit machen. Auch Votivtafeln können hierzu herangezogen werden. Volker D. Laturell hat z. B. für „Trachten in und um München" entsprechendes Bildmaterial zusammengetragen. Es zeigt uns, dass Staucher, genauer gesagt Ärmlinge, in der zweiten Hälfte des 18. Jahrhunderts zur bürgerlichen Kleidung gehörten. Sie bedeckten die Unterarme, konnten aus Stoff genäht, dick gefüttert oder fein bestickt sein. Besonders beliebt waren schwarze Unterärmel aus durchbrochenem Material wie Spitze oder Filetarbeit, die die Haut durchscheinen ließen. Zu sehen sind solche Stücke bei Laturell z. B. auf einem Kupferstich von 1770 und einem Porträt von 1780.[16] Um 1805 kleideten sich Münchner Bürgerinnen in sogenannte Spenzer- oder Miedergewänder, zu deren

¾-langen Ärmeln durchscheinende Staucher üblich waren.[17] Die Frauen vom Land, die es sich leisten konnten, eiferten dieser Mode nach. Feine Spitzen-Ärmel dokumentieren zeitgenössische Darstellungen dazu allerdings nicht. Das von Georg Dillis (1759–1841) um 1800 auf einem Aquarell festgehaltene „Bauernmädchen aus Beyhartung“ – gemeint ist Beyharting nördlich von Bad Aibling – trägt zu ihrer Jacke, deren Ärmel geradeso bis über die Ellenbogen reichen, rote Armstutzen.[18] Die Darstellung ist nicht sehr detailliert, möglicherweise bildete der Künstler hier jedoch gestrickte Ärmel mit Zopfmuster ab. Dillis' Zeitgenosse und Maler-Kollege Ludwig Neureuther (1770–1832?) stellte z. B. ein „Bauernpaar aus der Gegend von Aschau“ und „Bäuerinnen aus Hohenaschau“ idealisiert dar. Die Unterarme seiner „Bäuerin“ bedecken „Ärmelstutzen weiß mit rot-grünem Ornament und Blumenmuster“.[19] Einzigartig ist das Zeugnis, das die lebensgroße und lebensgetreue Votivfigur der Anna Bruggmayer, einer Bauerntochter aus Fürstenfeldbruck, ablegt. Die Figur wurde 1778 in das Kreszentia-Kloster in Kaufbeuren gebracht. Sie ist größtenteils aus Wachs gefertigt. Ihre Kleidung besteht jedoch zum Teil aus textilem Material, das in Wachs getaucht wurde. Demnach trug die Fürstenfeldbruckerin zum Caraco mit ¾-langen Ärmeln schwarze Staucher.[20] Weitere Belege für die Verbreitung von Stauchern liefert das sechste Heft der Reihe „Trachten in Bayern“ zum Rainer Winkel.[21] Darin sind Votivtafeln aus Niederschönenfeld wiedergegeben. Sie sind 1797 und 1798 datiert und zeigen blickdichte schwarze Halbhandschuhe mit roten Besätzen. Eine weitere Tafel von 1797 dokumentiert eine Bittstellerin mit durchbrochenen Stauchern. Die Bildersuche ließe sich auch auf andere Länder und Regionen nach allen Himmelsrichtungen hin ausweiten. Nur ein Beispiel aus dem ausgehenden 18. Jahrhundert sei hier noch genannt: die Kostümbilder der Kuenburg-Sammlung in Salzburg, die zwischen 1782 und 1790 entstanden[22]. Sie dokumentieren unter anderem die Beliebtheit von Stauchern beim Stand der Bürgerinnen und Bäuerinnen sowie deren gängige Formen. Die Bilder zeigen die „ledige Kaufmannstochter“ ebenso wie die „Bauersfrau im Wams“, das „bürgerliche Schiffweib aus Laufen („*vor fünfzig Jahren*“)“, die „alte Bürgerin aus Tittmoning“, eine „Bauerndirn aus der Gegend von Radstadt als Hochzeiterin“ mit Halbhandschuhen aus Stoff, die über dem Handrücken in einer Spitze auslaufen, die „Bauerntochter im Brixental“ mit kurzen Pulswärmern und die „Bürgers Frau von Laufen im festtäglichen Gewande“ mit schwarzen, netzartigen Halbhandschuhen.

Halbhandschuhe und Stulpen waren einfach überall verbreitet, weil sie schmückten und im Alltag nützlich waren. Kurze Stulpen wurden wie Manschetten zur Zierde getragen, längere konnten und mussten teilweise langärmelige Oberkleider ersetzen. Halbhandschuhe ließen die Finger frei, die so ungehindert arbeiten konnten, schützten aber dennoch gegen Kälte. Das war praktisch für alle, die das ganze Jahr über draußen sein mussten, wie Mägde, Bäuerinnen und Marktfrauen. Bei ihnen geriet das ehemals modische Accessoire also nicht in Vergessenheit. Auf dem Gemälde „Fischmarkt in München“, das Lorenz Quaglio 1828 fertigtstellte, sieht man Staucher typischerweise bei einer älteren Fischverkäuferin, die insgesamt eine modisch veraltete, aber herkömmliche Kleidung mit Rokokohaube und Schoßjacke trägt.[23] Der österreichische Volkskundler Klaus Beitl gibt ein Votivbild mit einer Frau in Ötztaler Tracht von 1854 wieder.[24] Sie kniet hemdsärmelig mit schwarzem Miederrock und weißer Schürze vor dem Altar (S. 104). Ihre Unterarme bedecken hochrote Stulpen mit weißem Muster. Sie passen zum sonstigen festlichen Ausputz ihrer Kleidung, der aus einem ebenso roten Haarschmuck, Halstuch und Schürzenband besteht.

Seit dem ausgehenden 19. Jahrhundert werden bestimmte ländliche Kleidungsstücke als Regionaltrachten bewertet, besonders beachtet, gepflegt und getreu ausgewählten Vorbildern überliefert. In einigen Regionen erlangten so auch Staucher, Muffs und Ärmlinge den Status eines Trachtenaccessoires. In anderen gehören sie erst seit nicht allzu langer Zeit nur am Rande oder gar nicht zum Erscheinungsbild der Trachtler. Die um 1900 entstandene Trachtensammlung des Germanischen Nationalmuseums beherbergt z. B. die Figurine einer „jungen Frau aus Enneberg im Pustertal" (Südtirol). Sie trägt schwarze, von Hand rund gestrickte Unterärmel mit einem im Zickzack verlaufenden Lochmuster.[25] Vergleichbare Stücke gehören auch zur Trachtenfigurine aus der „Gegend von Lienz" (Tirol).[26] Außerdem tauchen gestrickte Unterärmel und Halbhandschuhe dort bei den Trachten aus Sursee (Schweiz), Ochsenfurt (Unterfranken) und dem Kreis Schaumburg (Niedersachsen) auf.[27] Die „Handschen" genannten Unterärmel der Trachten aus dem ehemaligen Fürstentum Schaumburg-Lippe wurden oben ja bereits genannt.

Gerade gestrickte Armstutzen waren wohl weit verbreitet. Gestricktes – zumal wenn es aus Schurwolle ist – verhält sich elastischer als Genähtes oder Gehäkeltes und gerade am Unterarm und an den Händen ist eine gute Passform wichtig. Kenntnisse im Stricken konnten sich die Frauen zudem auch selbst aneignen, während das Nähen von Handschuhen aus Leder oder Stoff und die Herstellung von Spitzenhandschuhen eine Sache für Spezialisten war. Im Zusammenhang mit den von Hand gestrickten Stauchern ist bemerkenswert, dass die Handschuhmode vor allem im Biedermeier mit der gesellschaftlichen Hochschätzung von Handarbeiten als häuslicher Freizeitbeschäftigung für die Dame zusammentraf. Demzufolge war es für jede Frau geradezu erstrebenswert, Selbstgestrickt es zur Schau zu tragen. Handarbeiten zu Schmuckzwecken genossen allgemein einen hohen Stellenwert. Um 1800 hieß es in einem Leipziger Strickmusterbuch: „Die gewöhnliche Beschäftigung der Damen der Gesellschaft, das Stricken, kann zugleich eine angenehme für sie werden, wenn sie etwas mehr als das Alltägliche von dieser Kunst verstehen".[28] Anregende Musterblätter und -bücher gab es bereits seit Längerem.[29] 1756 brachte z. B. der Augsburger Verleger Johann Gottfried Böck ein „livre de modèles" heraus, das „Gedüpfelte Strück-Fürm, zu Frauenzimmer Handschuhen" enthielt, „wie auch von allerley Blumen, Cränzlen und Näthlen so ebenfalls zum nehen nutzlich können gebraucht werden".

Ein Überblickswerk zur Geschichte der Handarbeiten stellt fest, im Biedermeier sei besonders die häusliche Umgebung „mit einer Fülle selbst gearbeiteten Beiwerks ausgeschmückt" worden. Und weiter: „Die Kunst des Strickens, die meistens weniger beliebt als das Sticken war, wurde durch diese Häuslichkeit beträchtlich aufgewertet. Sie entsprach auch dem großen Verlangen der Damenwelt, ständig neue Dinge zu kreieren".[30] Wer sogar mit Perlen strickte, stickte oder häkelte konnte sich folglich begeisterten Zuspruchs sicher sein. Perlenarbeiten waren und sind etwas für geübte Frauen. Spätestens ab den 1830er-Jahren waren mit Perlen verzierte Beutel sowie Strümpfe mit Monogrammen, Jahreszahlen und Bordüren allgemein beliebt. Daneben auch Gürtel, Krawatten, Etuis, Arm- und Strumpfbänder, Geldbeutel und vieles mehr. Jeder, der wenig Zeit und Geschick, dafür aber das nötige Geld hatte, konnte freilich im Handel auch fertige Perlenarbeiten erstehen, die von gewerblichen Strickerinnen von Hand angefertigt waren.

Ländliche Moden – eine Detailstudie mit Beispielen aus Unterfranken

Was die ländlichen Bevölkerungskreise Unterfrankens konkret aus der Handschuhmode übernommen haben, ist schwer zu belegen. Im Warenbestand eines Kurzwarenhändlers im Landkreis Heilbronn waren 1778 ein Paar wollene „Staucher“ für 8 Kreuzer registriert. Ein Jahr später fünf davon, das Paar zu 10 Kreuzern. Das heißt, die Handschuhe wurden auch in ländlichen Regionen angeboten, konnten aber sehr kostspielig sein. Ein Taglöhner verdiente im Taubertal im 18. Jahrhundert 25 Kreuzer am Tag, ein Weber in Urach 15 Kreuzer.[31] Die Würzburger Wissenschaftlerin Barbara Knüttel hat unterfränkische Nachlass-Inventare aus der Zeit von 1740 bis 1860 ausgewertet, um etwas über die damals getragene Kleidung zu erfahren.[32] Ihr besonderes Augenmerk richtete sie dabei auf den sogenannten „Ochsenfurter Gau“, der bis heute für farbenprächtige Trachten bekannt ist, zu denen auch bunte Perlenstaucher gehören. Nachlass-Inventare sind Listen eines amtlichen Protokollanten, der nach dem Ableben eines Menschen alles aufzählte und schätzte, was vererbt wurde. Sie registrierten im untersuchten Gebiet auch „Staucher“ und „Handstaucher“, insgesamt fünf Paare, die bis zu 10 Kreuzer wert waren. Von dreien ist das Material bekannt: Wolle. Die Staucher gehörten zur Winterkleidung von Männern und Frauen. Von einer Auszier mit Perlen oder Pailletten (im Fränkischen auch „Pätterli“ genannt) ist nicht die Rede. Eindeutige Belege für perlenverzierte Staucher in der Ochsenfurter Gegend gibt es in den Nachlass-Inventaren von 1740 bis 1860 also nicht. Inventare anderer fränkischer Regionen wurden bisher nicht untersucht. Aus zwei Inventaren geht hervor, dass auch die Bürgerinnen kleiner fränkischer Ackerbürgertstädte mit der Mode gingen. Aktenkundig wurden in Eibelstadt 1746 „1 Pahr weise goldt gestickte Handtschuch“ und in Kitzingen 1819 „1 paar floret seidene Handschuhe“ für 6 Kreuzer. Beide Frauen besaßen einen reich ausgestatteten Kleiderkasten. In Volkach wird bis heute ein Paar vergleichbarer Seidenhandschuhe aufbewahrt (S. 105).

Für die spätere Zeit sind Sammlungen von überlieferten Stauchern aufschlussreich. Die meisten Staucher fanden wir im Schweinfurter Raum, im Werntal und dem Ochsenfurter Gau, einige wenige in der Vorrhön und im Maindreieck. Datiert sind die Staucher nur sehr selten, im Gegensatz etwa zu Strümpfen, in die Jahreszahlen und Aussteuernummern eingestrickt wurden. Biedermeierliche Perlenarbeiten – Staucher mit Motiven wie Blumenbukett oder Füllhorn, Perlen von kaum mehr als 1 mm Durchmesser, mit flächigen Lochmustern aus sehr dünnen Baumwollgarnen (S. 106 f.) – sind meist in die erste Hälfte des 19. Jahrhunderts zu datieren. In der zweiten Hälfte des 19. Jahrhunderts sind andere Motive verbreitet und das verwendete Material wird gröber. Bei Stauchern aus dem Ochsenfurter Raum ist uns immer wieder eine Krone im Perlenmuster begegnet (S. 119). Ein Paar war mit der Jahreszahl 1877 versehen.

Der Großteil der bis heute erhaltenen Staucher aus Unterfranken entstand etwa im Zeitraum von 1880 bis 1930. In den landwirtschaftlich ertragreichen Orten des Schweinfurter und Ochsenfurter Gaues war diese Zeit zugleich die Hochzeit der Trachten, einer prächtigen bäurischen Kleidung eigener Art, die sich stolz von der städtischen Mode abhob.

Sehr unterschiedliche Handschuhe gehören zur Sammlung von Richard Reinhart in Eckartshausen nahe Schweinfurt. Das Fränkische Freilandmuseum in Bad Windsheim hat Teile davon 1986 im Rahmen der Ausstellung „Kleidung in einem fränkischen Dorf" präsentiert. Das wohl älteste Paar dieser Sammlung ist schwarz, aus glattem, maschinell gewirktem Material. Es erinnert an die „mitaines" des 18. Jahrhunderts, hat lange Schäfte und ist über dem Handrücken und am Daumen mit Bordüren in rotem, gelbem und grünem Garn, Pailletten und Perlen bestickt. Über den Fingerknöcheln liegt eine dreieckige steife Platte, die mit Metallspitzen, rotem Seidenband und einem Blumenmotiv aus Brokat besetzt ist.[33] Es handelt sich bei diesem Paar zwar nicht um handgestrickte Perlenstaucher, sondern um Halbhandschuhe aus Wirkware, das Beispiel zeigt jedoch, wie sich die Frauen auch auf dem Land modische Accessoires aneigneten. Ein vergleichbares Paar ist auch auf einem Gemälde zur Grundsteinlegung der Gaibacher Konstitutionssäule zu erkennen, das der Münchner Hofmaler Peter Hess 1822/23 schuf.[34] Gaibach liegt oberhalb der Mainschleife, etwa 20 km nordöstlich von Würzburg. Die Säule war eine Stiftung des Grafen Franz Erwein von Schönborn zur Erinnerung an die Bayerische Verfassung von 1818. Das Kronprinzenpaar, Ludwig und Therese von Bayern, weilte zur Grundsteinlegung höchstpersönlich in Gaibach und der Graf hatte den Hofmaler beauftragt, den historischen Akt im Bild festzuhalten. Das Publikum ist so angeordnet, dass es die Bevölkerung ihrem Stande nach zeigt: von links nach rechts Landleute, Handwerker, Militär und Beamte. Zur repräsentativen Gruppe der Landleute gehören Frauen und Männer unterschiedlichen Alters und Geschlechts – darunter eine jüngere Frau mit hoher schwarzer Bänderhaube, Halstuch, Mutzen (eine kurze Jacke mit Keulenärmeln), Rock und Handschuhen der beschriebenen Art. Das helle Dreieck über den Handrücken ist auf dem Bild deutlich zu erkennen. Es ist bekannt, dass der Hofmaler Peter Hess für das Gemälde Portraitstudien in Franken anfertigte und die Figuren dann in Szene setzte. Die Kleidung soll die abgebildete Frau als Einheimische kennzeichnen, und dies in einem auffälligen Kontrast zu den Damen der hohen Gesellschaft, die Chemisenkleider und Kaschmirschals tragen. Das Gemälde belegt, dass Handschuhe der Art, wie sie sich in der Sammlung Reinhart erhalten haben, um 1820 zwischen Würzburg und Schweinfurt getragen wurden und speziell als ländliche Kleidung in den Blick des Malers rückten.

Nun aber zu den Perlenstauchern der Sammlung Reinhart: insgesamt vier Paare aus weißem Baumwollgarn und fünf Paare aus schwarzem Wollgarn, daneben ein Paar Fingerhandschuhe mit entsprechendem Zierrat.[35] Die Baumwollstaucher haben am Handrücken und an den Daumen Partien mit vielfarbigen Blumenbordüren, Buketten oder Füllhörnern aus Glasperlen und sind sonst in Lochmustern gestrickt. Zwei Paare Wollstaucher haben Rippenbündchen, sind sonst glatt rechts gestrickt und mit goldfarbigen, blauen und weißen Perlenmustern versehen. Einem weiteren Paar mit eingestrickten goldfarbigen und blauen Perlen wurden zusätzlich Blütenrosetten aus goldfarbigen Pailletten aufgestickt. Zwei Paare davon soll die

Urgroßmutter des Sammlers, das „Valts Fräla“, angefertigt haben: schwarze, gestrickte Fingerhandschuhe, die bis an die Fingerspitzen mit Perlenmustern in Gold, Weiß, Blau und Rot versehen sind, und schwarze Wollstaucher mit bunten Häkelrändern und breiten, gestickten Stulpen, auf die Pailletten, Ranken, Bordüren und hellblaue Bandschleifen mit kleinen goldenen Schließen gestickt sind (S. 108). In der Sammlung Reinhart befinden sich auch Pulswärmer, die nach Aussage des Sammlers zur Männerkleidung gehörten. Sie sind aus roter Wolle gestrickt, grün umhäkelt und mit weißen und farbigen Perlen verziert.[36] Ähnliche dokumentieren die Modelle Volkach I und Vasbühl II (Anleitung S. 54 u. 87, Abb. S. 115). Einen bildlichen Beleg dafür, dass diese farblich aus der Reihe tanzenden, roten Stücke wirklich zur Männerkleidung gehörten, haben wir bislang nicht gefunden.

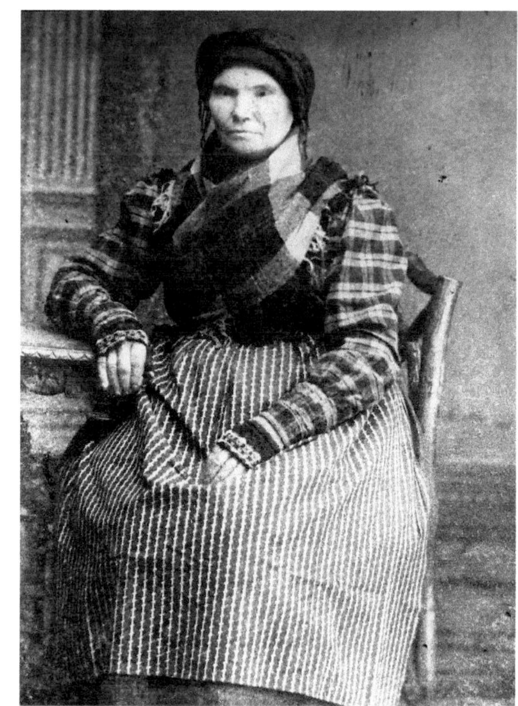

„Valts Fräla“ aus Eckartshausen, um 1880 (Sammlung Reinhart, Eckartshausen)

Wie wir gesehen haben, gibt es nach Material, Farbe und Form etliche Varianten an Stauchern. Einige weisen auf regionale Unterschiede hin, andere auf unterschiedliche Verwendungszusammenhänge. Auf einem Aquarell von Peter Geist, das um 1852 entstand, sieht man eine junge Frau aus der Gegend von Ochsenfurt in Kirchgangskleidung mit Gebetbuch, Rosenkranz und weißen Stauchern.[37] Solche gehörten auch zum Nachlass der Anna Maria Haaf (siehe S. 16). Manche Handschuhe waren Teil der kirchlichen Zeremonialkleidung.[38] Darauf deutet die Verzierung mit dem Christusmonogramm IHS hin (s. S. 106, 119 u. 124). Das Motiv der Krone lässt an die Krone der Braut und der Kranzmädchen denken, die bei der Fronleichnamsprozession die Muttergottesstatue trugen. In katholischen Orten sammelten sich diese „Marienbildjungfrauen“ in eigenen Kongregationen.

Die Tracht im Ochsenfurter Raum entwickelte in den letzten beiden Jahrzehnten des 19. Jahrhunderts eine auffällige Farbenpracht und großen Luxus. Zuvor war die Kleidung der Bäuerinnen dort in der Form sehr viel schlichter und von dunklen Farben dominiert. Durch diese relativ nahe liegende Blütezeit der Trachten und die besondere Wertschätzung, die die Perlenstaucher dort erfuhren, sind sie uns vor allem von dort sehr opulent verzierte Stücke überliefert, und dies auch noch in großer Anzahl. In vielen agrarisch geprägten Landgemeinden Unterfrankens wurde die bäurische Kleidung bis in die 1940er-Jahre von einer großen Anzahl Frauen täglich getragen. Ende der 1980er-Jahre starb die letzte Generation dieser Frauen aus. In den Kommoden der meisten lag mehr als ein Paar Staucher. Damit führten sie eine Tradition des 19. Jahrhunderts fort. Die Kleider der Anna Maria Haaf (1815–1889) aus Buch im Ochsenfurter Gau sind im Kirchenburgmuseum Mönchsondheim ausgestellt. Demnach besaß auch sie schon drei Paar Staucher:

1. aus weißer Baumwolle, quer gestrickt, mit Lochmustern und Häkelspitze an der Oberkante (S. 117);
2. ebensolche, rund gestrickt, mit gestrickten Spitzenrüschen (ebd.);
3. aus brauner Wolle mit silber- und goldfarbigen, roten, grünen und blauen Perlen, die Kronen, Blumenmuster und andere Motive ergeben, darunter das Monogramm „MH“ und die Jahreszahl „1877“.

Nicht jedes Paar Staucher passte zu jedem Anlass. Zur Trauer- oder Halbtrauertracht waren hell und bunt verzierte Staucher nicht denkbar. Mit Schwarz, Silber, Blau und Violett klang die Trauerzeit aus (S. 120 u. 124). Für den Winter gab es wärmende Stücke aus Wolle, für den Sommer dünne Manschetten aus Baumwolle. In Bergrheinfeld trugen die letzten Trachtenfrauen beim Kirchgang nur schwarze, wollene Staucher, überwiegend mit Metallperlen (S. 110). Mehrere besaßen aber auch baumwollene schwarze mit Lochmustern (S. 109) und einige zusätzlich ein weißes baumwollenes Paar, ebenfalls mit Lochmustern. Gerade einfachere Wollstaucher kamen an kälteren Tagen auch außerhalb der Kirche zum Einsatz. Das „Valts Fräla“ trug solche Stücke z. B. zu Kleidern, die eher für einen Besuch bei der Nachbarin gedacht waren (S. 108). Die „Söckli“ mit Pailletten dagegen (S. 15), waren so offensichtlich von „besserer Art“, dass sie sicher für den festlichen Kirchgang reserviert waren. Nach der Auskunft der Tochter einer Trachtenfrau aus Sonderhofen im Ochsenfurter Gau kleideten sich die Frauen dort an hohen Festtagen und zu ihrer Hochzeit in die aufwendigste Form der Tracht. Dazu gehörten helle Staucher mit üppigem buntem Perlenmuster (S. 120–121 u. 124).[39] An gewöhnlichen Sonntagen wurden dagegen bequeme Kittel und dunkle Staucher getragen (S. 114–116). Neben weißgrundigen Festtags-Staucher gab es in ihrer Gegend z. B. auch hellblaue. Die dunkleren waren schwarz, aber auch dunkelblau, dunkelrot oder braun. Das Alter der Trägerin und die Jahreszeit hätten bei der Farbwahl keine Rolle gespielt[40]. Weiße Baumwollstaucher mit Lochmustern, wie sie Anna Maria Haaf Mitte des 19. Jahrhunderts besaß, kannte sie nicht.

Auch im Schweinfurter Raum entwickelte sich um 1900 eine auffällige bäuerliche Mode. Einige der bis gegen 1915 geborenen Bauerntöchter in Bergrheinfeld gingen ihr Leben lang „bäurisch“, nicht „städtisch“ – wie man das in der Umgangssprache nannte. Zu ihrer Tracht gehörten in der kalten Jahreszeit schwarze, wollene Staucher mit eingestrickten Perlen. Beliebt waren breite Bordüren mit einem Blumen- oder Sternmuster aus facettierten silbernen Stahlperlen, goldfarbenen und blau oder rot gefärbten Messingperlen, auch kombiniert mit Glasperlen in kräftigem Gelb, Weiß, Hellblau, Rot oder Grün (S. 62–66 u. 110). Der Vorteil der Staucher gegenüber ganzen Handschuhen war, dass man sie nicht abzulegen brauchte, um beim Beten die Perlen des Rosenkranzes zu zählen, im Gebetbuch zu blättern oder Weihwasser zu nehmen. Wie gern die Frauen die Staucher verwendeten, kann man an den oft stark zerschlissenen Handinnenseiten der historischen Stücke ablesen. Sie wurden mehrfach gestopft. Von einigen Trägerinnen ist bekannt, dass sie ihre Staucher selbst gestrickt haben. Eine davon ist Jula Schmittfull. Sie nahm mit ihren Altersgenossinnen 1915 an einem Nähkurs teil, in dem bäurische Kleidung hergestellt wurde. Auf dem Erinnerungsfoto ist Jula Schmittfull rechts hinten am Bügelbrett zu sehen (S. 17).

Ein Paar ihrer Staucher zeigt Seite 109. Es ist nahe liegend, dass in solchen Kursen auch Strickmuster ausgetauscht worden sind. Mit der Zeit konnten wir in Bergrheinfeld viele Varianten zutage fördern (S. 109–111 u. 120): Es gibt dort gestrickte Staucher mit oder ohne Perlen, mit komplizierten Lochmustern oder mit einfachen Rippen aus rechten, verschränkten und linken Maschen. Sie sind mit einem Nadelspiel rund gestrickt oder mit zwei Nadeln rau rechts gearbeitet. Einige sind auch mit Perlen und Pailletten bestickt oder mit kleinen Quasten und Bandschleifen geschmückt. Das Grundmaterial ist meist ein dünnes Woll- oder Baumwollgarn in Schwarz, seltener auch in Weiß oder Naturweiß. Gehäkelte Staucher (S. 109) und Handschuhe (S. 106) sind im Vergleich zu gestrickten – hier wie im Ochsenfurter Raum – relativ selten. Das Häkeln erlangte als weibliche Handarbeit nie den Status und die Verbreitung, die das Stricken hatte. Ersteres wurde zwar in der zweiten Hälfte des 19. Jahrhunderts immer beliebter, Letzteres aber schon lange zuvor neben dem Weben und Nähen als Grundtechnik weiblicher Handarbeiten unterrichtet.[41] Vereinzelt entstanden auch bestickte Halbhandschuhe (S. 108–109).

Zu Herstellung und Vertrieb von Perlenstauchern ist bisher wenig bekannt. Die Herstellung der wollenen Staucher war wohl in der Regel keine gewerbliche Arbeit, sondern eine Freizeitarbeit strickbegabter Frauen. Einige strickten auch auf Bestellung für andere. Bei den sehr feinen Fingerhandschuhen und Stauchern aus dünnem weißen Baumwollgarn (S. 106–107) liegt dagegen die Vermutung nahe, dass sie aus hausindustrieller Produktion kamen. Dort entstanden vergleichbar diffizil gearbeitete Beutel, Strümpfe, Kinderhäubchen und -jäckchen. Das deutsche Zentrum für den Handel mit solchen Perlenstrickereien war Schwäbisch Gmünd. Produziert

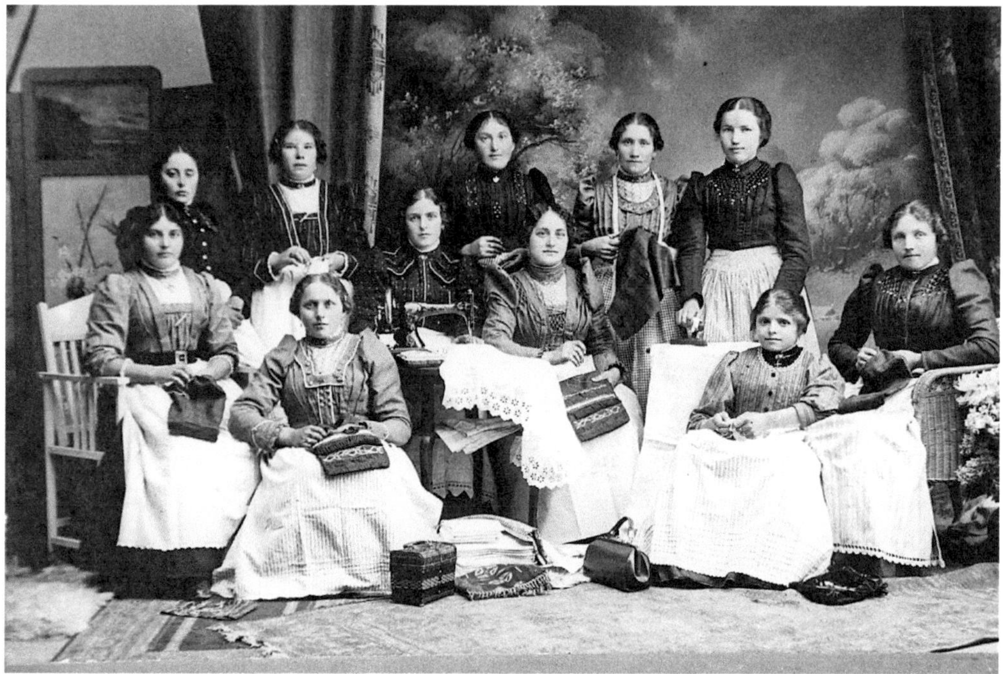

Nähkurs unter Leitung der „Glückersch Julie“, Bergrheinfeld 1915

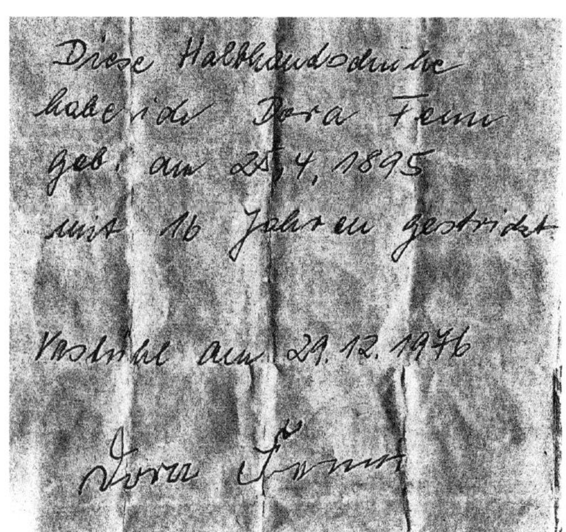
Diese Halbhandschuhe
habe ich Dora Fenn
geb. am 25.4.1895
mit 16 Jahren gestrickt
Vasbühl am 29.12.1976
Dora Fenn

Notiz von Dora Fenn

wurden in der Umgebung dieser württembergischen Stadt vor allem Beutel, und das hauptsächlich in der Zeitpanne von 1820 bis 1860. Einzelne Fabrikantinnen vertrieben die Perlenstrickereien auch auf eigene Rechnung im Hausierhandel. Das endgültige Aus für die Perlenindustrie von Schwäbisch Gmünd kam Ende der 1920er-Jahre.[42]

Etliche Staucher tauchen bis heute im Antiquitätenhandel auf. Es ist ein Glücksfall, wenn man sie einem konkreten Ort und einer Herstellerin zuweisen kann, wie z. B. das Paar, in dem ein Zettel mit dem Vermerk steckte, Dora Fenn aus Vasbühl habe sie im Alter von 16 Jahren gestrickt. Die Strickerinnen von Perlenstauchern genossen einiges Ansehen dafür, dass sie diese Kunststricktechnik beherrschten. Was sie da zustande brachten, galt durchaus als Luxusartikel. Jedes Mädchen lernte in der Sonntagsschule Strümpfe zu stricken. Sich mit den aufwendigen Loch- und Perlenmustern zurechtzufinden, erforderte aber mehr: das Entwerfen oder Auswählen eines Musters, das Besorgen der gut aufeinander abgestimmten Zutaten, eine große Gewissenhaftigkeit und Voraussicht beim Auffassen der Perlen und beim Stricken. Die Anfertigung von Perlenstauchern war allerdings eine Fleißarbeit für die Freizeit. Diese fiel in den bäuerlichen Kreisen vor allem im Winterhalbjahr an. Nur eine weitere Strickerin aus dem Ochsenfurter Raum ist uns namentlich bekannt, Hedwig Köller aus Hopferstadt (siehe S. 87). Ihre Cousine hatte ihr ein Muster beigebracht, das in vielen Farbvarianten überliefert ist (S. 120–121).

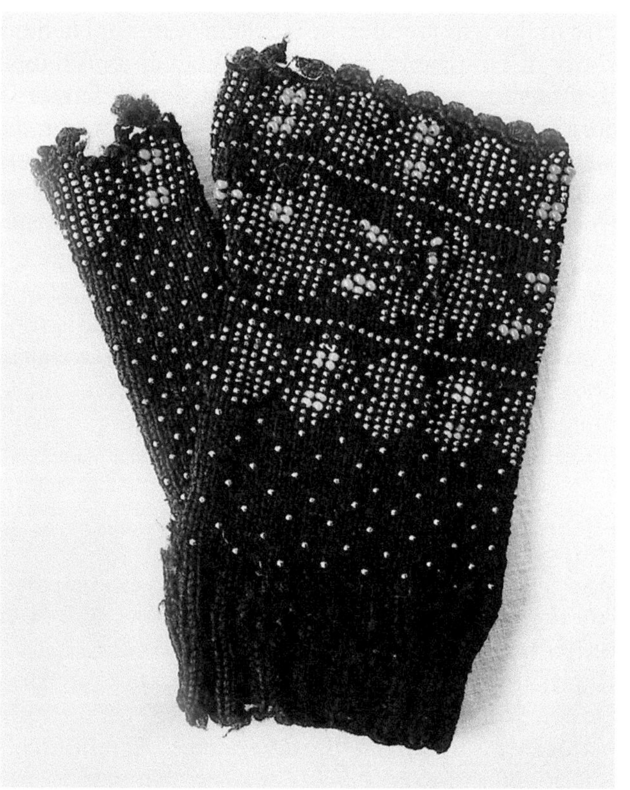

Staucher von Dora Fenn (1895–1976) aus Vasbühl, 1911, Wolle mit Metall- und Glasperlen, Privatbesitz

Wichtige Hinweise

Die in den Anleitungen angegebenen Perlenfarben entsprechen denen der historischen Staucher. Beim Perlenkauf ist zu bedenken, dass die Farben transparenter Glasperlen auf dunklem Garn blass wirken, während durchgefärbte Perlen kräftig hervorstechen können. Auf hellen Garnen kommen beide Perlensorten gut zur Geltung. Die früher sehr beliebten facettierten oder runden Metallperlen sind heute kaum mehr erhältlich. Zudem haben sie den Nachteil, kostspielig und anfällig für Rost zu sein. Stiftperlen, wie z. B. die nun im Handel zu findenden, kostspieligen „Delica Rocailles", gibt es auch in metallischen Farben. Sie wirken ähnlich wie facettierte Metallperlen, sind aber aus Glas und rosten nicht. Zum Stricken eignen sie sich aber nur bedingt, denn sie haben keinen „Bauch" und lassen sich deswegen nur schlecht im Maschenbild fixieren.

Zum Auffädeln der Perlen bietet der Bastelbedarf verschiedene Spezialnadeln an. „Klemmnadeln" haben ein Öhr, das die ganze Länge der Nadel einnimmt. Die Wolle wird direkt in das Öhr eingeklemmt. „Perlennadeln" sind sehr dünn und haben ein sehr kleines Öhr. Sie lassen sich zusammen mit einem Nähfaden gut verwenden. Der Nähfaden wird doppelt in die Perlennadel eingefädelt. An einem Ende entsteht dann eine Schlaufe. Die Strickwolle lässt sich in diese Schlaufe einhängen. So kann man die Perlen über Nadel und Nähfaden auf die Wolle streifen. „Fassnadeln" sind rund 9 cm lange Perlennadeln. Mit ihnen fährt man in eine große Menge Perlen einfach hinein und erwischt so gleich mehrere Perlen auf einmal. Ebenso lang sind die „Perlenaufreihnadeln". Sie sehen aus wie ein verdrillter Draht. An einem Ende haben sie ein großes Öhr, durch das auch ein Wollfaden passt. Das Öhr quetscht sich zusammen, sobald die erste Perle aufgefasst ist.

Empfehlungen für den Anfang

- Mit einfachen Modellen anfangen, also flach oder rund gestrickten Pulswärmern ohne Daumen.
- Zählvorlagen für mehrfarbige Perlenmuster evtl. mit dem Kopierer vergrößern.
- Nadel-, Garnstärke und Perlendurchmesser müssen aufeinander abgestimmt sein, damit das Gestrickte nicht zu locker wird, die Perlen nicht verrutschen und das Muster klar hervortreten kann. Bei Wolle ist ca. 200 m Lauflänge auf 50 g empfehlenswert. Dazu passen Perlen mit einem Durchmesser von 2,4–2,6 mm und Stricknadeln der Stärke 1,75–2. Bei Baumwolle mit höchstens 400 m Lauflänge auf 50 g (z. B. Glanzhäkelgarn 20) oder mindestens 566 m auf 100 g (z. B. „Häkelspaß" von Schöller & Stahl) wählt man Nadeln der Stärke 1–1,5 und Perlen mit 1,8–2,2 mm Durchmesser
- Bei den Randmaschen der flach gestrickten Stulpen hält man das Garn eher straff, damit sich stabile Kanten ergeben. Hilfreich ist dabei, die Masche am Ende

einer Nadel nur abzuheben und sie erst als Anfangsmasche der nächsten Nadel zu stricken.
- Man braucht die Staucher jeweils für die rechte und linke Hand. Soll der eine gegengleich zum anderen gearbeitet sein, ist dies schon beim Auffädeln zu beachten.
- Ist ein Perlenmuster nicht symmetrisch, erfordert das besondere Überlegung beim Anlegen der Daumenspickel oder beim Einarbeiten unterschiedlicher Monogramm-Buchstaben.
- Die Oberkante der Staucher bilden meistens gehäkelte Bögen, Pikots oder Mausezähnchen. Das macht die Ränder stabil. Will man dabei Perlen einarbeiten, kann man diese vor dem Beginn des Strickens am Ende des Perlenstranges aufreihen. Denkt man erst am Schluss der Arbeit an die Perlenzier an der Kante, gibt es zwei Möglichkeiten: entweder den Faden etwa in der Länge abreißen, die noch benötigt wird, und dann die Perlen auffassen oder gleich neu ansetzen und die Enden vernähen. Einen schönen Effekt bringen auch gestrickte oder gehäkelte Rüschen an der Oberkante. Sie eignen sich besonders für Pulswärmer ohne Daumen, machen allerdings etwas mehr Arbeit.

Perlen-Fassen bei mehrfarbigen Mustern

Man beginnt mit dem Fassen der Perlen bei rund und flach gestrickten Stauchern in der oberen linken Ecke der Mustervorlage und arbeitet Reihe für Reihe in derselben Leserichtung bis zum Ende unten rechts weiter. Beim zweiten Handschuh, dessen Muster gegengleich sein soll, beginnt man in der oberen rechten Ecke mit dem Fassen und arbeitet sich bis zum Endpunkt unten links vor. Die aufgefädelten Perlen werden so lange auf dem Strickgarn zurückgeschoben, bis man sie braucht.

Gestrickte und gehäkelte Kantenzier

Mausezähnchen

- Fünf Runden glatt rechts. Falls gewünscht in der letzten Runde in jede zweite Masche eine Perle einschieben.
- Eine Runde je zwei Maschen rechts zusammen stricken, ein Umschlag.
- Fünf Runden glatt rechts.
- Das Gestrickte abketten, umschlagen und annähen (S. 111, 123 u. 125 unten).

Gehäkelte Bögen

Hier muss man ausprobieren, was am besten zu den jeweiligen Sta uchern passt. z. B. Bündel von fünf Stäbchen, die abwechselnd mit Kettmaschen in jede dritte Randmasche eingestochen werden.

Perlen kann man dabei entweder unmittelbar nach dem Einstechen für jedes Stäbchen einschieben oder jeweils zwischen den Stäbchen platzieren. Ein kleiner kompakter Bogen entsteht, wenn man zwei Luftmaschen häkelt, dann ein Stäbchen am Fuß dieser Luftmaschen einsticht und das Ganze mit einer Kettmasche in die dritte Randmasche abschließt (S. 118 u. 122 unten).

Perlenpikots

Die Pikots (S. 113 oben rechts, 114 u. 116 unten links) bestehen jeweils aus vier Luftmaschen. Sie werden zwischen feste Maschen oder Stäbchen gearbeitet. In die zweite Luftmasche schiebt man eine Perle ein. Nach der vierten sticht man zurück in die erste und schließt das Pikot mit einer Kettmasche. Dann kommt die nächste feste Masche (oder das nächste Stäbchen) in die übernächste Randmasche.

Häkelrüsche

Diese Rüsche kann man bei flach und rundgestrickten Stauchern verwenden. Bei unseren historischen Vorlagen wurde die Rüsche meist in Kontrastfarben zu den sonst schwarzen Stulpen gehäkelt, z. B. in Grün für die ersten beiden Runden und Rot für die letzten beiden. Zudem kamen noch weiße Perlen hinzu (S. 46 u. 116).

- Die erste Runde beginnt mit einer Kettmasche und fünf Luftmaschen (LM), dem folgen Doppelstäbchen (DS): Das erste DS kommt in die dritte Randmache, eine LM häkeln, das zweite DS in die vierte Randmasche, das dritte DS in die sechste Randmasche, eine LM usw. Am Ende mit einer Kettmasche an den Beginn anschließen.
  Bitte beachten: Nach jedem zweiten DS kommt eine LM. Bei den DS ohne LM wird jeweils eine Randmasche ausgelassen. So stehen die DS leicht schräg. An diesem /\/\/\/\-Gerüst schlängelt sich nachher d ie Rüsche entlang (S. 116).
- Die zweite Runde fängt mit drei LM an, denen folgen einfache Stäbchen, die quer zu den DS liegen. Auf jedes DS der Vorrunde werden acht Stäbchen gehäkelt. Die Runde mit einer Kettmasche schließen.
- Für die dritte Runde, wenn gewünscht, die Farbe wechseln und etwa 20 Perlen auffädeln: Mit vier LM beginnen, dann abwechselnd je eine feste Masche und zwei LM häkeln. Für di e festen Maschen jeweils zwischen den Bögen der Rüsche einstechen. Die Runde mit einer Kettmasche schließen.
- In der letzten Runde abwechselnd drei LM, eine feste Masche arbeiten. Dabei in die mittlere LM jeweils eine Perle einschieben und bei den festen Maschen in die der Vorrunde einstechen.

Flach gestrickte Staucher

Perlen rau rechts einstricken

Rau rechts zu stricken heißt, auf Vorder- und Rückseite der Arbeit kommen nur rechte Maschen vor. Dadurch entsteht nach jeweils zwei Nadeln eine Rippe (eine Reihe tritt hervor, als wäre sie links gestrickt). Es gibt zwei Möglichkeiten, dabei die Perlen einzustricken. Jeder sollte selbst ausprobieren, welche ihm besser liegt. Die eine Möglichkeit: Die Perle jeweils zwischen zwei rechte Maschen schieben. Sie liegt dann auf der hinteren Seite der Arbeit. In der nächsten Runde einfach wieder rechts drüber stricken. In der übernächsten weitere Perlen nach Vorlage einarbeiten. Eine andere: Eine Perle jeweils nahe an die rechte Nadel schieben und beim Fadenholen in die neue rechte Masche mit hinein nehmen. Die Perle liegt so auf der Vorderseite des St rickzeugs. Bei der nächsten Nadel rechts kommen keine neuen Perlen. Man schiebt aber jede Perle der vorhergehenden Tour jeweils vor dem Überstricken über die linke Nadel zu sich hin und strickt dann die rechte Masche wie üblich. Die Perle liegt so auf dem Köpfchen der Masche, die auf der anderen Seite der Arbeit als linke Masche hervortritt.

Kurze Nadel

Damit die flach gestrickten Staucher ums Handgel enk gut anliegen, empfiehlt es sich, regelmäßig eine kurze Nadel einzufügen. Dazu muss die Arbeit gewendet werden, wenn vor der Unterkante noch 10–18 Maschen ungestrickt sind. Das heißt: 10–18 Maschen auf der rechten Nadel liegen lassen, Strickzeug wenden, den Faden hinter der linken Nadel liegen lassen, die erste Masche abheben und wieder zurück stricken. Bei der nächsten Tour glatt rechts über diese Stelle weg arbeiten.

Gestreifte Pulswärmer

Der Schmuck dieses Modells sind nicht Perlen, sondern Streifen und ein flauschiger Rand. Es eignet sich hervorragend dazu, die Arbeitsweise für flach gestrickte Staucher kennenzulernen, bevor man sich auch noch mit einem Perlenmuster auseinandersetzen muss. Die Vorgehensweise ist bei allen flach gestrickten Stauchern dieselbe.

Material:
dünnes Wollgarn (Strumpfwolle, schön weich ist z. B. Regia Silk)
flauschiges Effektgarn
Stricknadeln der Stärke 2–2,5

Anleitung:
- 45 Maschen anschlagen und mit zwei Nadeln rau rechts stricken. Das heißt, es werden rechte Maschen auf der Vorder- und Rückseite der Arbeit gestrickt. Für die Streifen wechselt man nach drei Rippen (also sechs Nadeln) die Wolle und strickt zwei Nadeln in der Kontrastfarbe.
- Nach acht Rippen, die auf der Vorderseite erscheinen, wendet man die Strickarbeit jeweils bereits nach der 20. Masche und strickt zum Rand zurück, wodurch der Pulswärmer über dem Handgelenk an Weite gewinnt und am Arm dennoch anliegt.
- Je nach Handgröße ist das gestrickte Stück bei rund 18 cm Länge weit genug und kann Hand und Arm umschließen. Jetzt die Maschen abketten und das Ganze zu einem Schlauch zusammennähen. Alle Fadenenden vernähen.
- Weiter geht es mit dem kompletten Nadelspiel. Aus der Oberkante werden mit dem Effektgarn ca. 50 Maschen herausgestrickt.
- Die nächsten 12 Reihen geht es glatt rechts weiter. Die Kante mit dem Effektgarn wölbt sich nach außen und wird am Schluss mit lockeren Endmaschen abgekettet. Fertig ist der Pulswärmer!

Bergrheinfeld I

Die Originale (S. 110) sind aus schwarzer Wolle gestrickt und mit silbernen facettierten Metallperlen sowie roten und hellblauen Glasperlen versehen. Wir haben sie mit dunkelblauer Wolle nachgearbeitet und statt der Metallperlen silbrige Glasperlen verwendet (S. 112 oben rechts).

Material:
blaues Wollgarn
Nadeln der Stärke 1,75
Perlen in Silber, Hellblau und Rot

Anleitung:
- Perlen nach der Vorlage auffädeln. Dabei zum Staucher für die rechte Hand bei den Pfeilen beginnen und jede Reihe von rechts nach links lesen.
- Mit zwei Nadeln 50 Maschen anschlagen, nicht zur Runde schließen!
- Das Grundmuster ist rau rechts, das heißt auf Vorder- und Rückseite rechte Maschen stricken.
- In der 2. Reihe mit dem Perlenmuster beginnen, dazu auf der Vorlage unten links starten! Nach jeder gemusterten Reihe eine Rückreihe ohne Perlen stricken.
- Über den ganzen Staucher hinweg jeweils nach acht Rippen eine kurze Nadel einfügen, die 18 Maschen ungestrickt lässt.
- Nach dem Perlenmuster rau rechts weiter, bis der Handumfang erreicht ist.
- Den Staucher für die rechte Hand abketten. Es ist sehr zu empfehlen, nun mit dem zweiten Staucher zu beginnen. Solange der rechte Staucher offen daliegt, ist leicht zu erkennen, ob der linke auch wirklich gegengleich wird.
- Beim Zusammennähen etwa 12 Maschen für den Daumen offen lassen.

Daumen:
- Für die Daumen je 24 silberne Perlen auffädeln. Mit drei Nadeln aus den Randmaschen am Daumenschlitz 28 Maschen herausstricken. Das Grundmuster für den Daumen ist jeweils eine Runde linke Maschen, eine Runde rechte im Wechsel. So entstehen Rippen wie beim Rau-Rechts-Stricken.
- Beim Stricken der 2. Rippe gleichmäßig verteilt vier Maschen abnehmen.
- In die 5. Rippe Perlen einfügen: 1 Masche stricken und eine Perle an die rechte Nadel heranschieben. Dann die ganze Runde lang je 4 Maschen stricken, eine Perle einschieben.
- Am Anfang der 6. Rippe drei Maschen stricken und dann ebenso wie vorher Perlen einarbeiten.
- Die 7. Rippe wie die 5. stricken.
- Bei der 9. Rippe eine ganze Runde lang abwechselnd eine Perle heranschieben, eine Masche links stricken.
- Mit der 10. Rippe abketten.

Mustersatz der historischen Originale

									•										•										•										•					
		S		S	S			S			S	S		S																														
		S		S			S		S			S		S																														
		S				S		S		S				S																														
		S			S		S	S	S		S			S																														
		S		S		S	S	S	S	S		S		S																														
		S			S		S	S	S		S			S																														
		S				S		S		S				S																														
		S		S			S		S			S		S																														
		S		S	S			S			S	S		S		S			S			S			S			S			S			S			S			S				
		S		R			S		S			R		S																														
		S				S		H		S				S																														
		S			S		H	H	H		S			S																														
		S		S		H	H	R	H	H		S		S																														
		S			S		H	H	H		S			S																														
		S				S		H		S				S																														
		S		R			S		S			R		S																														
		S		R	R			S			R	R		S		S			S			S			S			S			S			S			S			S				
		S		R			S		S			R		S																														
		S				S		H		S				S																														
		S			S		H	H	H		S			S																														
		S		S		H	H	R	H	H		S		S																														
		S			S		H	H	H		S			S																														
		S				S		H		S				S																														
		S		R			S		S			R		S																														
		S		R	R			S			R	R		S		S			S			S			S			S			S			S			S			S				
		S		R			S		S			R		S																														
		S				S		H		S				S																														
		S			S		H	H	H		S			S																														
		S		S		H	H	R	H	H		S		S																														
		S			S		H	H	H		S			S																														
		S				S		H		S				S																														
		S		R			S		S			R		S																														
		S		S	S			S			S	S		S		S			S			S			S			S			S			S			S			S				
		S		S			S		S			S		S																														
		S				S		S		S				S																														
		S			S		S	S	S		S			S																														
		S		S		S	S	S	S	S		S		S																														
		S			S		S	S	S		S			S																														
		S				S		S		S				S																														
		S		S			S		S			S		S																														
		S		S	S			S			S	S		S																											◄	◄	◄	
									•										•										•										•					

Bergrheinfeld II

Reizvoll ist an diesen Stauchern die Kombination von Lochmuster und flächig eingestrickten Perlen. Im Original sind sie aus schwarzem Baumwollgarn mit goldfarbenen Metallperlen gearbeitet. Sie wurden mit zwei Nadeln offen gestrickt und dann mit einer schräg verlaufenden Naht geschlossen.

Material:
schwarzes Baumwollgarn, Lauflänge ca. 400 m / 50 g
zwei Nadeln der Stärke 1,5
Perlen einer Farbe (Ø 2,4 mm)

Anleitung:
- Ca. 500 Perlen pro Handschuh auffädeln.
- 42 Maschen anschlagen.
- Eine Reihe rechts stricken. Danach das Lochmuster anfangen und dabei über dem Handrücken Perlen einstricken.
- Das Lochmuster wiederholen, bis mit der Länge des Strickzeugs der Handumfang zu drei Vierteln erreicht ist, dann Maschen für den Daumenschlitz abketten und wieder aufnehmen. Das Lochmuster weiterlaufen lassen!
- Den Handsch uh mit einer Naht schließen, die auf der Handinnenseite liegt.

Lochmuster:
[r] rechte Masche
[p] rechte Masche mit Perle
[~] Umschlag
[x] drei Maschen rechts zusammenstricken. Das heißt, die erste abheben, zwei rechts zusammenstricken und die abgehobene über die gestrickten ziehen.

1. eine Masche rechts, [x|~|~] wiederholen, am Ende vier rechts.
   Rückreihe rechts.
2. eine Masche rechts, [p|r|r] wiederholen, am Ende drei rechts.
   Rückreihe rechts.
3. drei Maschen rechts, [x|~|~] wiederholen, am Ende zwei rechts.
   Rückreihe rechts.
4. drei Maschen rechts, [p|r|r] wiederholen, am Ende eine rechts.
   Rückreihe rechts.
5. zwei Maschen rechts, [x|~|~] wiederholen, am Ende drei rechts.
   Rückreihe rechts.
6. zwei Maschen rechts, [p|r|r] wiederholen, am Ende zwei rechts.
   Rückreihe rechts.

Delden

(S. 112)

Material:
violettes Wollgarn, Lauflänge 400 m / 100 g
zwei Nadeln Stärke 1,75 oder 2
Perlen in Weiß und Schwarz (Ø 2,6 mm)

Anleitung:
- Perlen nach der Vorlage auffädeln. Dazu beim schwarzen Pfeil ▶ anfangen, jede Reihe von links nach rechts abarbeiten und den Mustersatz einmal wiederholen.
- 42 Maschen anschlagen, nicht zur Runde schließen!
- 1 Reihe rechts stricken und rau rechts weiterarbeiten.
- In der zweiten Reihe mit dem Perlenmuster beginnen, wobei nach jeder Reihe mit Perlen eine Rückreihe rechts ohne Perlen gestrickt wird.
- Nach dem Mustersatz weiter rau rechts stricken. Nach ca. 26 Rippen haben die Pulswärmer die passende Weite.
- Abketten und ein gegengleiches Stück arbeiten. Das Auffädeln der Perlen beginnt nun am hellen Pfeil ▷. Zuletzt wird noch eine große weiße Raute aufgefädelt. Der Mustersatz nach den ca. 26 Rippen fängt dann mit dem Einstricken einer großen weißen Raute an.
- Pulswärmer zusammennäh en und an der Oberkante Bögen aus je einer festen und drei Luftmaschen häkeln. Dabei abwechselnd eine weiße und eine schwarze Perle in die mittlere Luftmasche einschieben.

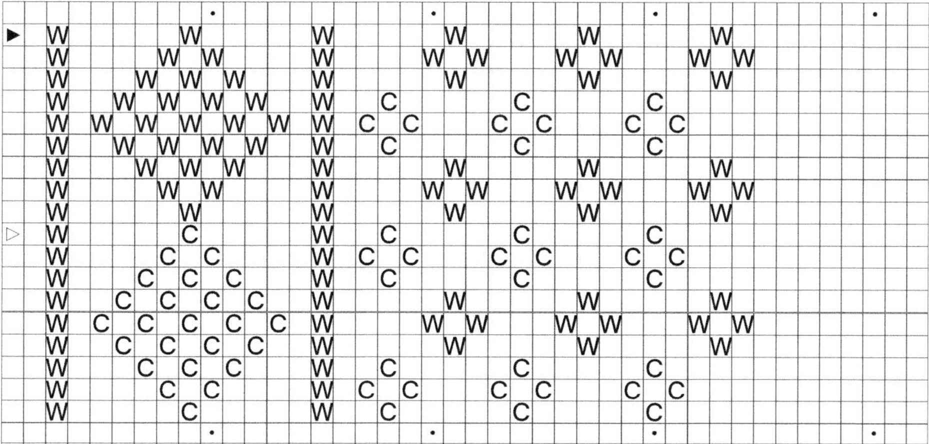

Greding I

Material:
schwarzes Wollgarn
zwei Nadeln Stärke 1,5 oder 2
silberne Perlen

Anleitung:

- Perlen nach der Vorlage auffädeln.
- 44 Maschen anschlagen, nicht zur Runde schließen!
- 3 Reihen rechts stricken und rau rechts weiterarbeiten.
- In der vierten Reihe mit dem Perlenmuster beginnen, wobei nach jeder Reihe mit Perlen eine Rückreihe rechts ohne Perlen gestrickt wird.
- An die Oberkante Bögen mit Perlen häkeln.

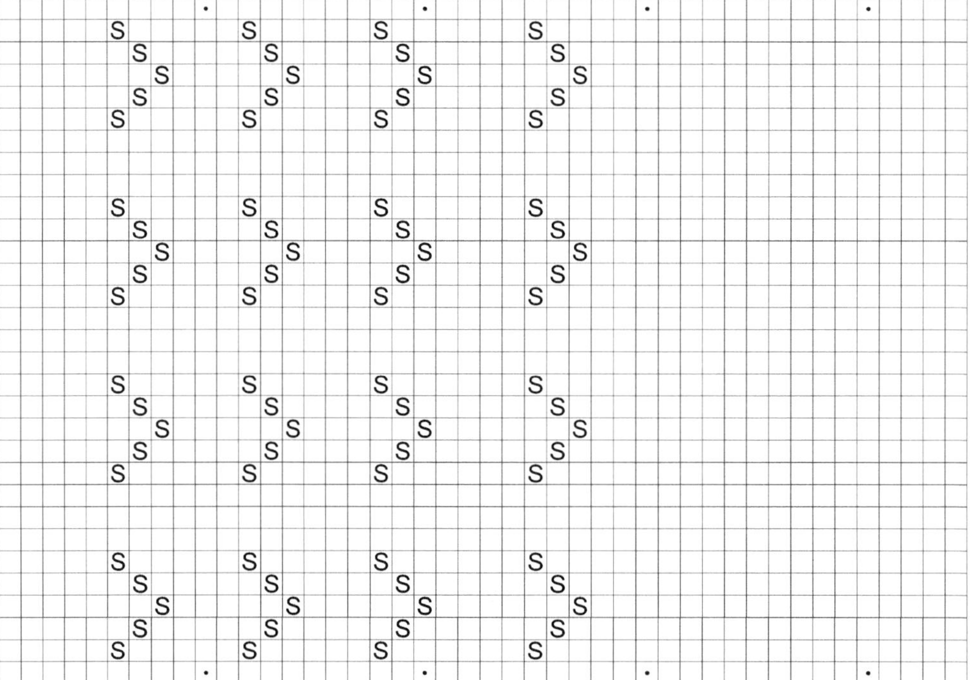

Greding II

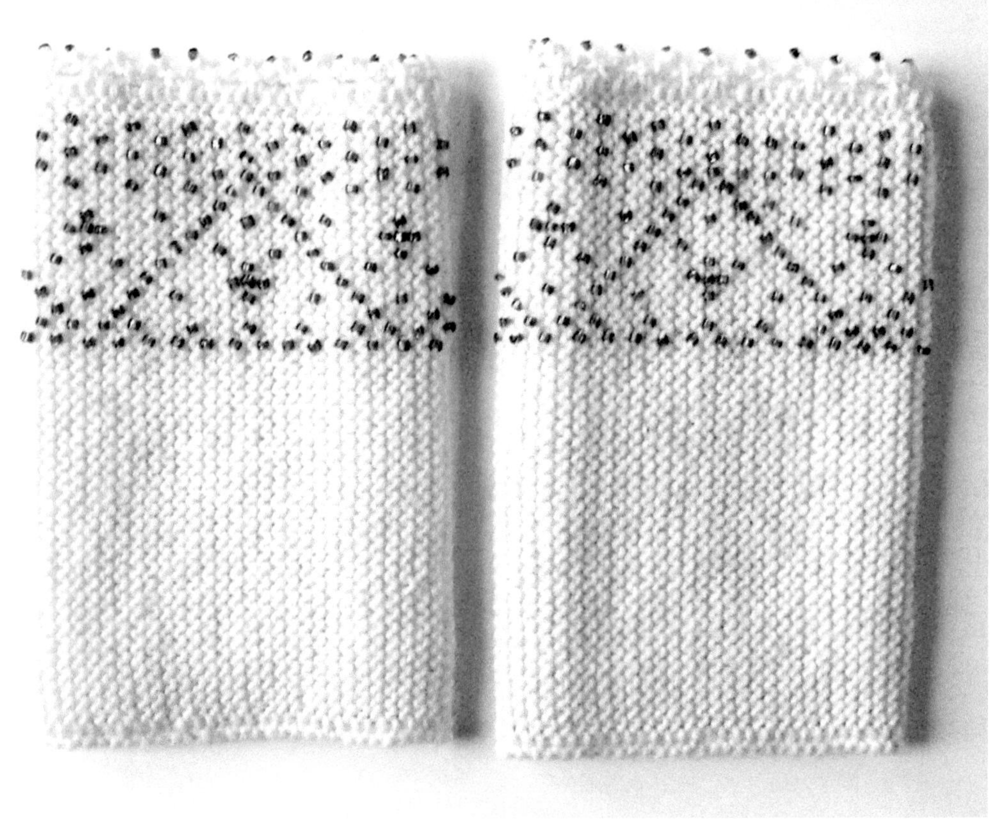

Staucher nach der Vorlage Greding II, gestrickt von Edith Werner, 2009

Material:
weißes Wollgarn
zwei Nadeln Stärke 1,5 oder 2
grüne Perlen

Anleitung:
- Ca. 280 Perlen auffädeln.
- 44 Maschen anschlagen, nicht zur Runde schließen!
- Rau rechts stricken und in der zweiten Reihe mit dem Perlenmuster beginnen. Nach jeder Nadel mit Perlen folgt eine Rückreihe rechts ohne Perlen.
- Nach dem Mustersatz abketten und die Stulpen zusammennähen.
- An die Oberkante kleine Bögen aus festen Maschen und Pikots mit je einer Perle häkeln.

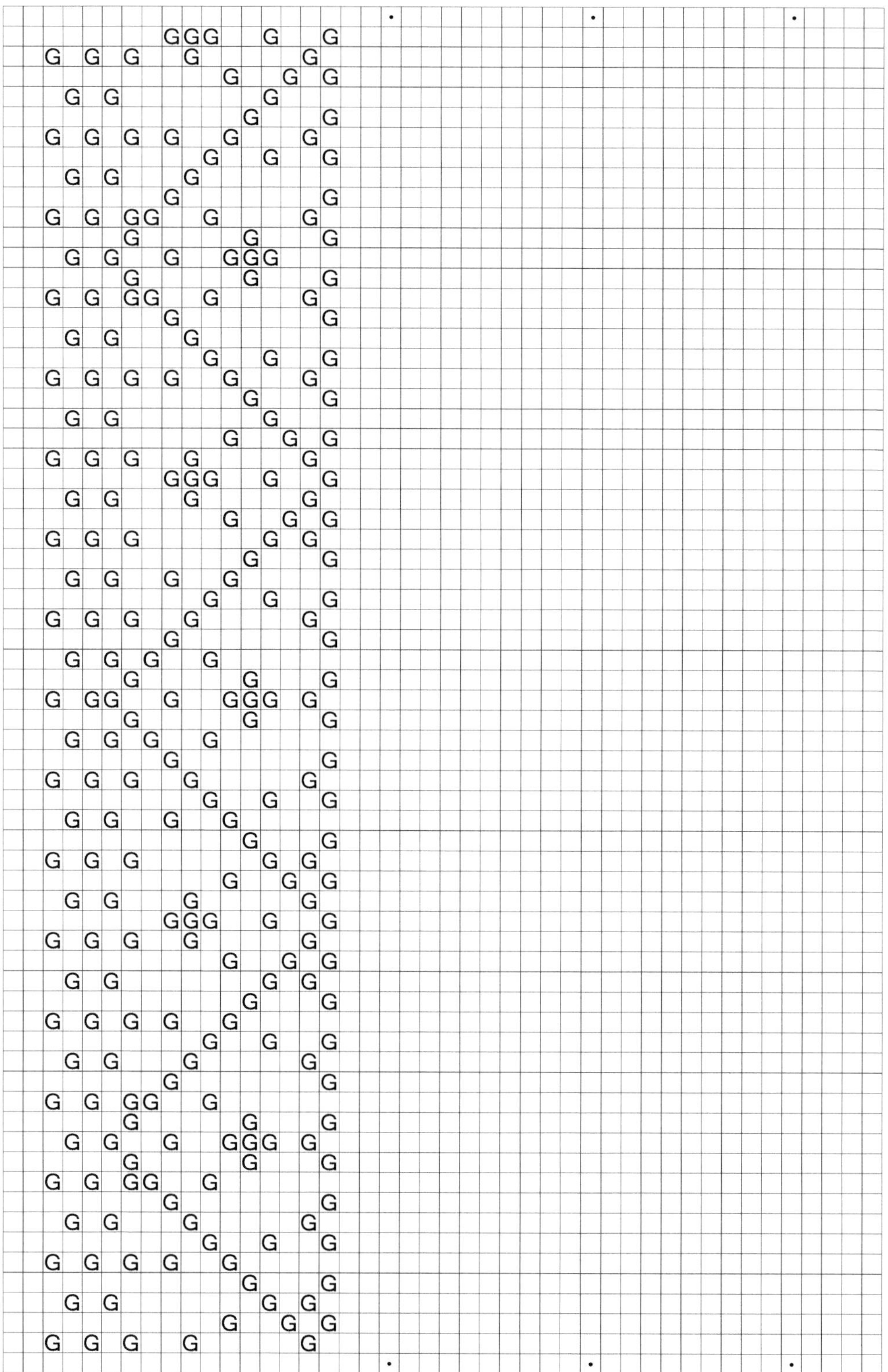

Hergensweiler

Im Heimatmuseum von Hergensweiler im Landkreis Lindau am Bodensee haben sich außer einem Paar langer weißer Halbhandschuhe mit netzartigem Lochmuster auch ein Paar kurze weiße Stulpen erhalten. Sie sind aus weißem Baumwollgarn gefertigt, mit relativ großen weißen Perlen und einem einfachen Lochmuster verziert. Wir haben sie mit kleinen glasigen Perlen nachgestrickt. Das Muster eignet s ich auch für Wollgarn.

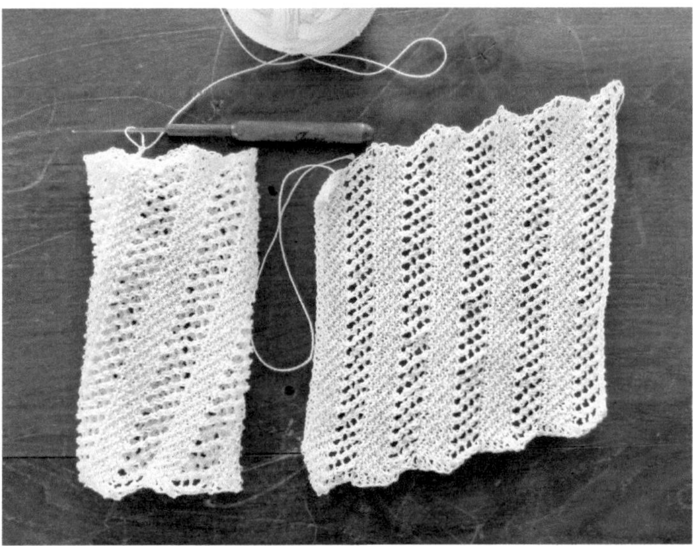

Staucher nach der Vorlage aus Hergensweiler, gestrickt von Monika Ständecke, 2009

Material:
Baumwoll- oder Wollgarn
zwei Nadeln Stärke 1,5
Perlen einer Farbe

Anleitung:
- Ca. 400 Perlen auffädeln.
- 44 Maschen anschlagen, nicht zur Runde schließen! Nun wechseln sich Perlen- und Lochmuster ab.
- Das Perlenmuster entsteht auf den mittleren vier von sechs Rippen rau rechts. Also drei Nadeln rechts stricken. Bei der vierten Nadel nach jeder zweiten Masche eine Perle einschieben (die Randmasche mitgezählt). Die Perle liegt so zwischen der zweiten und dritten Masche. Sie tritt auf der Vorderseite der Arbeit hervor. Die nächste Nadel rechts bleibt ohne Perlen. Die nächsten Perlen versetzt zu den vorhergehenden einfügen. Das heißt die erste Perle nach der dritten Masche inklusive Randmasche, die nächsten dann jeweils wieder nach jeder zweiten Masche einarbeiten. Nachdem viermal Perlen eingestrickt sind, das Muster mit zwei Reihen rechts abschließen.

- Beim Beginn des Lochmusters hat man die Vorderseite der Arbeit vor sich. Nach der Randmasche eine Masche abheben, die nächste rechts stricken, die abgehobene Masche drüberziehen, einen Umschlag. Die ganze Nadel auf diese Weise fortfahren. In der Rückreihe alle Maschen und Umschläge links abstricken. Das Ganze noch dreimal wiederholen.
- Nach fünf Musterstreifen jeder Sorte hat der Staucher die pass ende Weite erreicht und man kann abketten. Das Gestrickte erscheint leicht schräg, so verläuft auch die abschließende Naht schräg und das Muster der Stulpen bekommt eine leichte Drehung. Die Oberkante mit Bögen umhäkeln.
- Gleichmäßig aus jeweils einer Randmasche jedes Streifens im Perlen- und Lochmuster je sechs Stäbchen heraushäkeln und zum Abschluss der Stäbchen jeweils eine Perle einschieben.

Hoy erswerda I

Die Vorlagen waren aus schwarzer Wolle gestrickt und rundherum mit weißen Perlen verziert. Wir haben eine Anleitung für Pulswärmer erstellt, die auf der Handinnenseite nicht gemustert sind (S. 112 oben links). Das erleichtert die Arbeit.

Material:
grünes Wollgarn
Nadelspiel der Stärke 1,75–2
weiße Perlen

Anleitung:
- Ca. 450 Perlen auffädeln.
- 55 Maschen anschlagen und mit zwei Nadeln rau rechts stricken, das heißt rechte Maschen auf der Vorder- und Rückseite der Arbeit.
- In der dritten Reihe mit dem Einarbeiten der Perlen beginnen. Die Pfeile in der Mustervorlage geben die Strickrichtung an.
- Ist der Mustersatz eingearbeitet, rau rechts weiterstricken. Dabei nach jeder dritten Rippe (das sind sechs Nadeln) eine verkürzte Nadel stricken bei der 15 Maschen liegen bleiben. Drei Rippen nach der sechsten verkürzten Nadel hat der Pulswärmer in etwa die nötige Weite erreicht.
- Nach dem Abketten zusammennähen.
- An der Oberkante Bögen häkeln und in jeden Bogen eine Perle schieben (Anleitung S. 20).

32

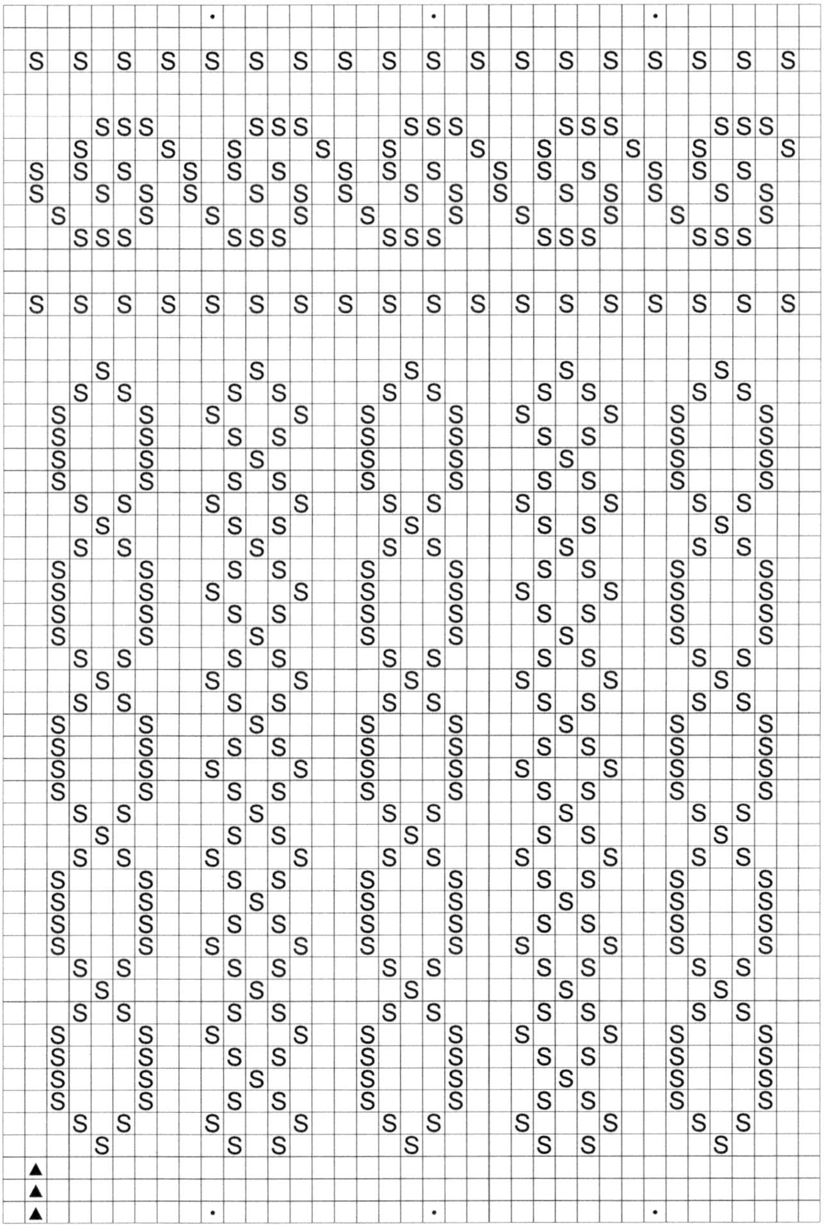

Hoyerswerda II

Für die historischen Stücke wurden dunkelgrüne Wolle und weiße Perlen verwendet. Zum Nachstricken fädelt man rund 480 Perlen auf und schlägt 47 Maschen an. Weiter geht es wie in der Anleitung zu Hoyerswerda I.

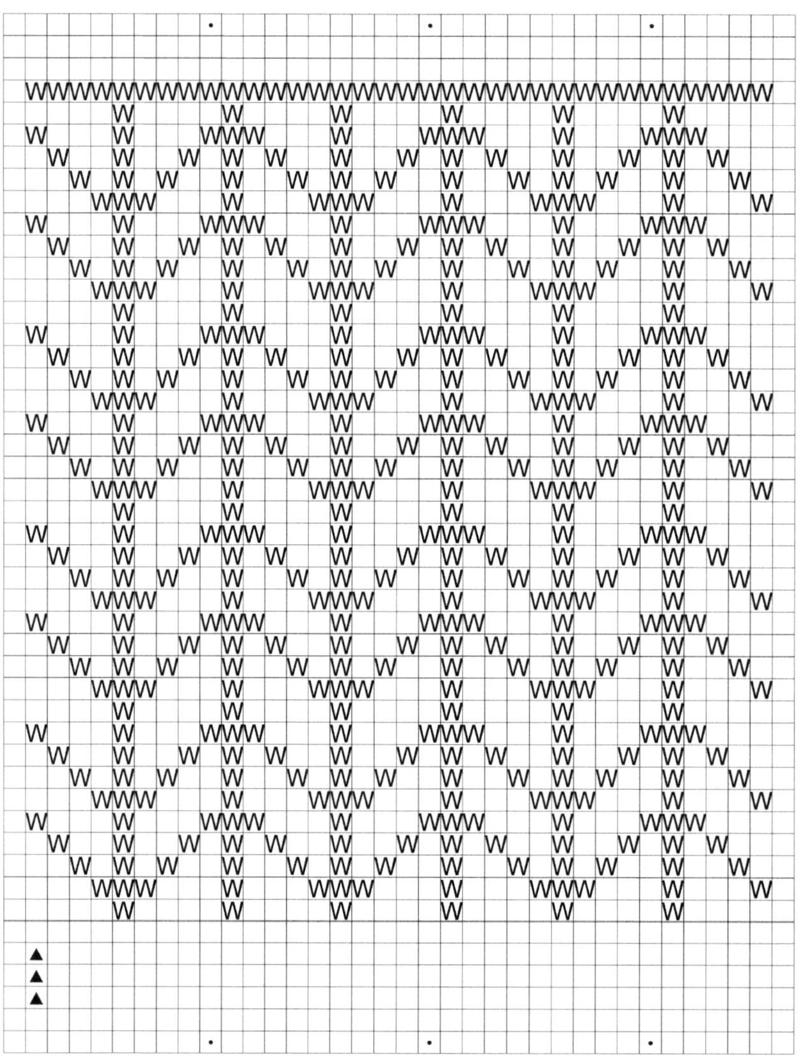

Kirchanhausen

Die weißen Pulswärmer tragen die Initialen ihres Besitzers. Sie entstanden nach einem Original aus Kirchanhausen im Altmühltal, das ebenfalls aus weißer Baumwolle gestrickt und mit roten Perlen verziert wurde. Es stammt aus dem Nachlass eines Mannes.

Material:
Baumwollgarn oder dünnes Wollgarn
zwei Stricknadeln der Stärke 1,25
Glasperlen einer Farbe (Ø 2,4 mm)

Zur Vorbereitung das Monogramm des künftigen Besitzers auf ein kariertes Blatt zeichnen und bei jedem Buchstaben die Mittelachse kenntlich machen. Sie soll in der Mitte der Zacken über dem Handrücken liegen. Perlen auffädeln.

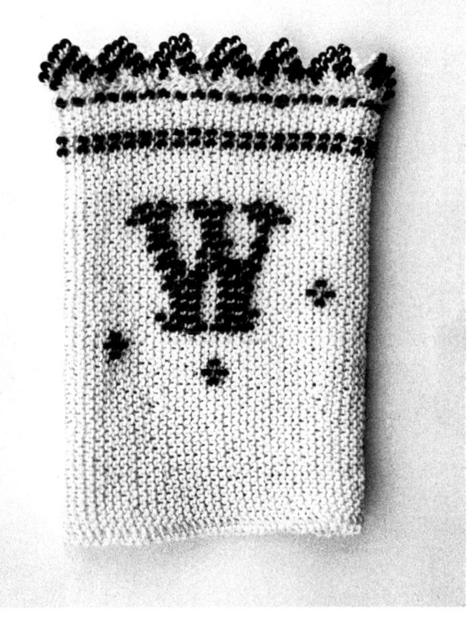

Staucher nach der Vorlage aus Kirchanhausen, Baumwolle mit Glasperlen, gestrickt von Helga Ständecke, 2003

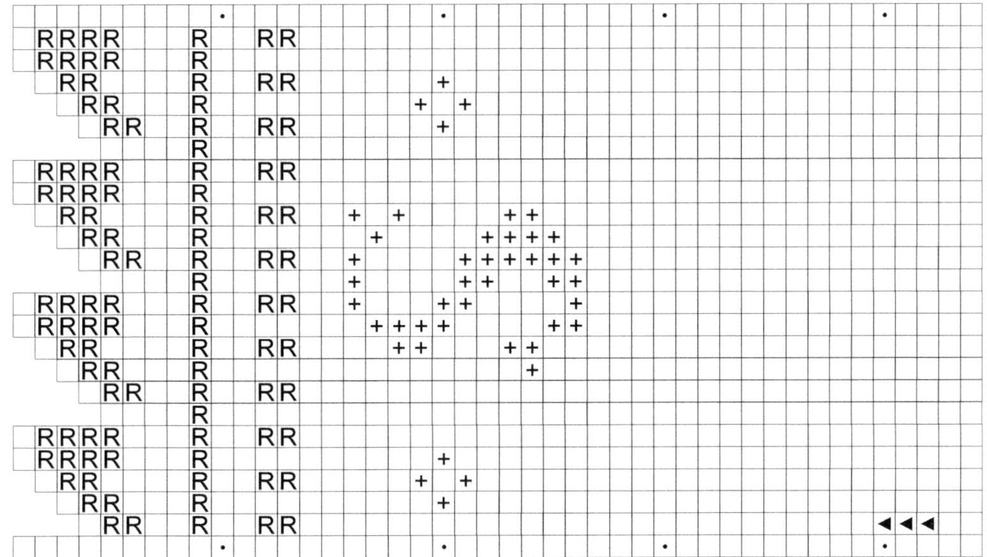

Anleitung:

- 50 Maschen anschlagen und mit zwei Nadeln rau rechts stricken. Das heißt, es werden rechte Maschen auf der Vorder- und Rückseite der Arbeit gestrickt.
- Beim Pulswärmer für die linke Hand nach zwei Nadeln mit den „Gaimersheimer Zackeli“ beginnen. Die Pfeile in der Mustervorlage geben die Strickrichtung an.
- Nach acht Rippen auf der Vorderseite arbeitet man jeweils eine verkürzte Nadel. Dazu lässt man die letzten20 Maschen vor der Unterkante des Pulswärmers auf der linken Nadel ungestrickt liegen, wendet die Arbeit und strickt zur Oberkante zurück. In der nächsten Reihe wie gehabt die ganze Nadel rechte Maschen. So erhält der Pulswärmer nach oben hin mehr Weite und liegt am Handgelenk an.
- Mit dem sechsten Zacken beginnt man die Perlen einzustricken: Perlen werden nur eingefügt, wenn die Oberkante der Arbeit am linken Ende der Nadel liegt (also in der 1., 3., 5. Reihe rechts usw.).
- In der Rückreihe (2., 4., 6. Reihe rechts usw.) schiebt man die Perlen, die auf der linken Nadel eingestrickt hinter der Arbeit liegen, jeweils vor die Nadel und strickt sie mit der Masche rechts ab. Sie erscheinen dann auf der anderen Seite des Strickzeugs im „Köpfchen“ der linken Masche.
- Nach zwölf Zacken hat das Gestrickte den Umfang von Hand und Arm erreicht. Abketten und das Ganze zu einem Schlauch zusammennähen.
- Am Pulswärmer für die rechte Hand ab der ersten Reihe rechts Perlen einstricken. Rückreihe rechts. In der nächsten Nadel mit dem Aufnehmen für den Zacken anfangen.

Gaimersheimer Zackeli:

- 1. Nadel rechts stricken. Wenn noch 3 Maschen auf der Nadel sind, am Fuß der letzten Masche der rechten Nadel einstechen und eine Masche rechts verschränkt zunehmen. Nadel leer stricken, Randmasche arbeiten. Rückreihe rechts.
- 3. Nadel rechts. Wenn noch 4 Maschen auf der Nadel sind, am Fuß der letzten Masche auf der rechten Nadel eine Masche rechts verschränkt zunehmen, weiter wie oben.
- 5. Nadel rechts. Wenn noch 5 Maschen auf der Nadel sind, zunehmen. Weiter wie oben.
- 7. Nadel rechts. Wenn noch 6 Maschen auf der Nadel sind, zunehmen. Weiter wie oben.
- 9. Nadel rechts. In der Rückreihe die ersten vier Maschen abketten, weiter rechts.
- Zwei Nadeln rechts stricken, dann den nächsten Zacken beginnen!

Ochsenfurt I–VI

Im Folgenden sind eine Reihe von Mustersätzen nach Originalstücken aus der Sammlung Düchs zusammengestellt (S. 114–115). Man wiederholt sie so oft, bis sie das Handgelenk umschließen. Ein mehrfarbiges Perlenmuster, wie das von Ochsenfurt VI, ist bei den flach gestrickten Strauchern aus dieser Gegend eine Ausnahme. Die meisten sind entweder mit schwarzen oder weißen Perlen versehen.

Ochsenfurt I

Dunkelgrüne Staucher, Oberkante rot und grün umhäkelt, Wolle mit Glasperlen (S. 114 oben rechts)

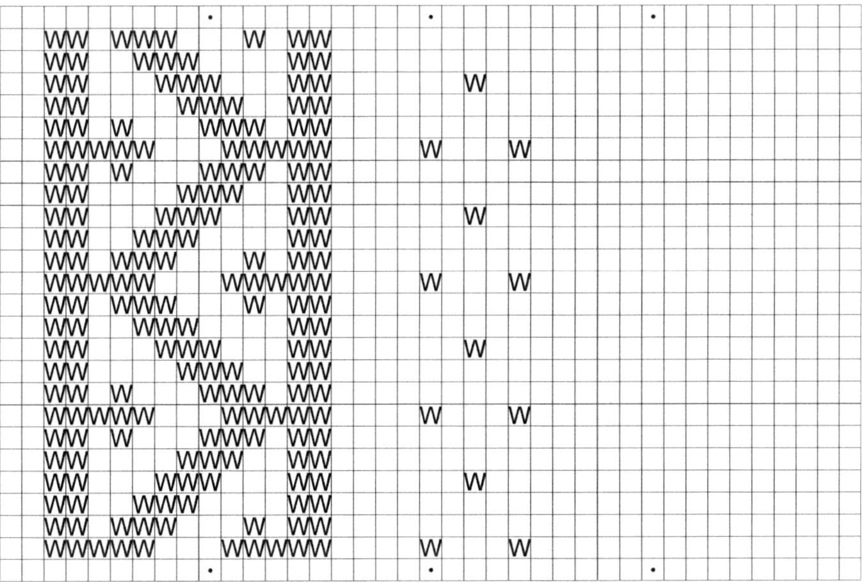

Ochsenfurt II

Rote wollene Pulswärmer mit weißen Glasperlen, Oberkante mit blauen Häkelbögen (S. 114 oben links)

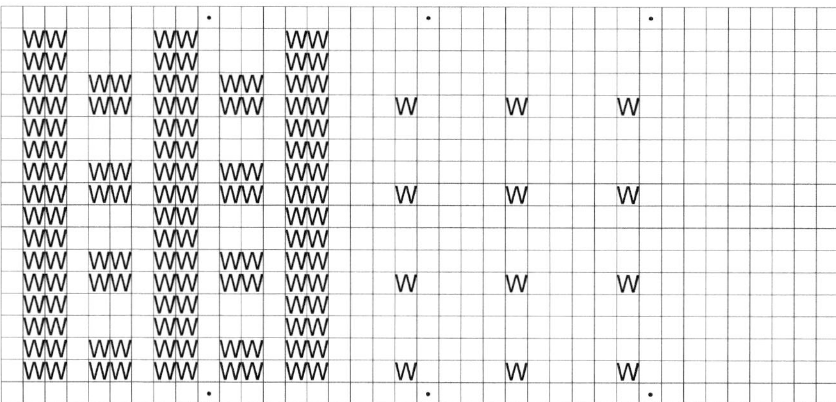

Ochsenfurt III

Weiße baumwollene Pulswärmer mit schwarzen Glasperlen, Oberkante mit Perlenpikots (S. 114 unten links)

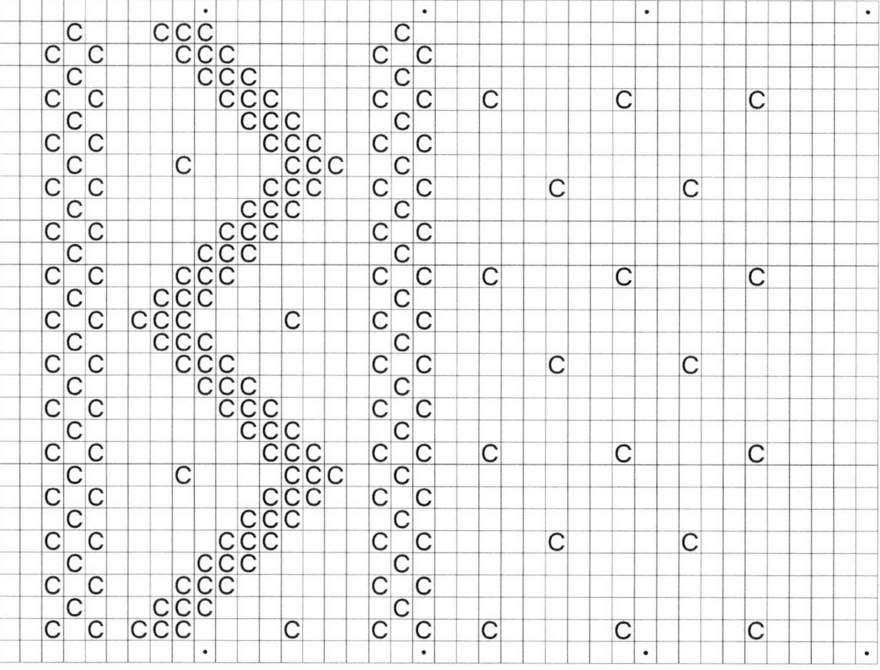

Ochsenfurt IV

Schwarze wollene Pulswärmer mit weißen Glasperlen, Oberkante mit Häkelbögen

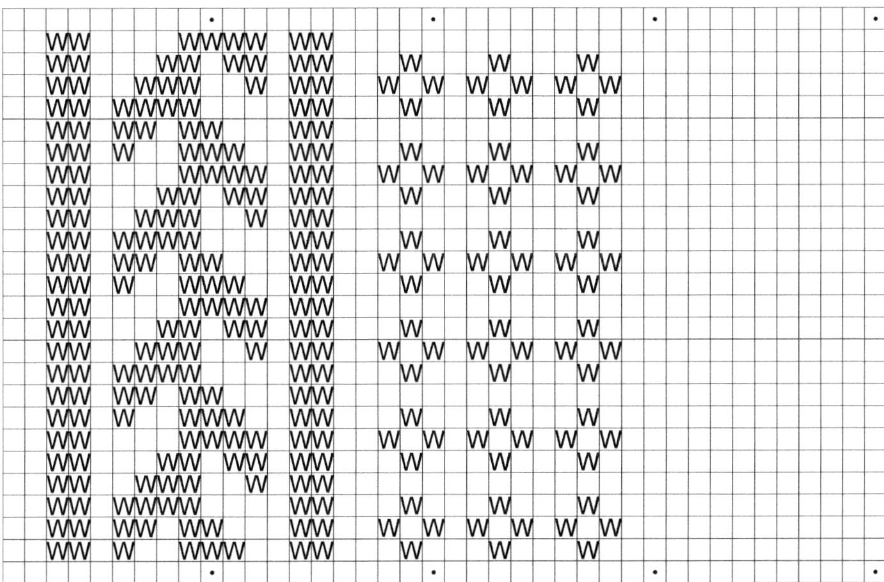

Ochsenfurt V

Schwarze wollene Pulswärmer mit facettierten Stahlperlen, Oberkante mit gestrickter Rüsche (vgl. hierzu das Modell Stein, S. 50)

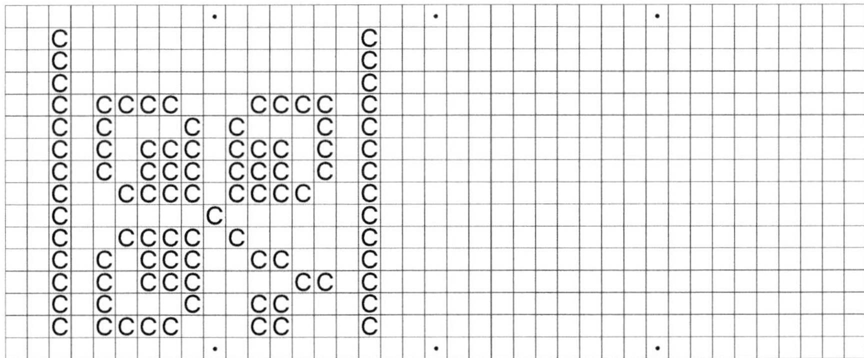

Ochsenfurt VI

Schwarze wollene Pulswärmer mit hellblauen, grünen, gelben, goldenen, roten, rosaroten, weißen Glasperlen und gehäkelten Bögen an der Oberkante (S. 114 unten rechts)

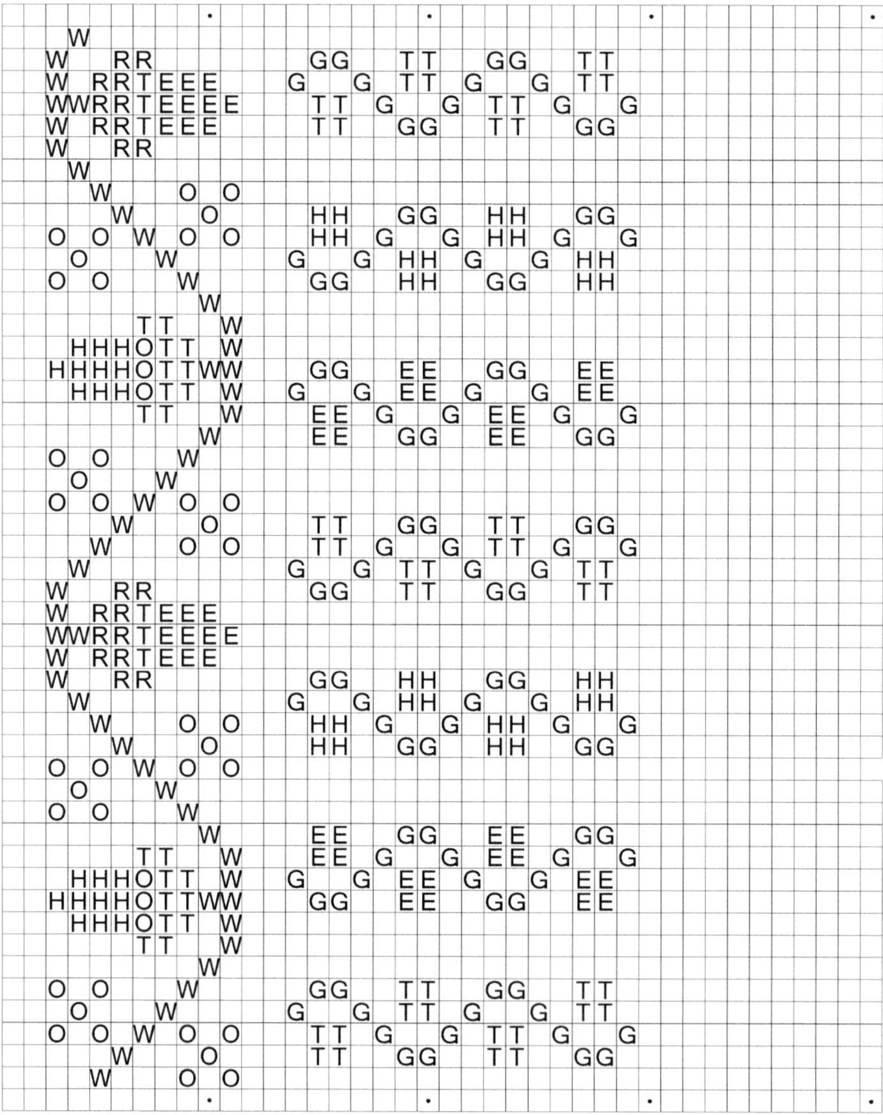

Ostpreußen

Im „Ostheim" der Ostpreußischen Landsmannschaft in Bad Pyrmont wird ein Paar schwarzer Staucher aufbewahrt, die mit gold- und silberfarbigen Metallperlen sowie weißen Glasperlen verziert sind. Sie gelangten mit dem Fluchtgepäck einer Frau nach Norddeutschland. Woher sie genau stammen, ist jedoch nicht dokumentiert.

Material:
schwarzes Wollgarn
zwei Nadeln Stärke 1,5 oder 2
goldene, silberne und weiße Perlen (Ø 2,6 mm)

Anleitung:
- Perlen nach der Vorlage auffädeln. Bei den Pfeilen beginnen.
- 46 Maschen anschlagen, nicht zur Runde schließen!
- 3 Reihen rechts stricken und rau rechts weiterarbeiten.
- In der vierten Reihe mit dem Perlenmuster beginnen, wobei nach jeder Reihe mit Perlen eine Rückreihe rechts ohne Perlen gestrickt wird.

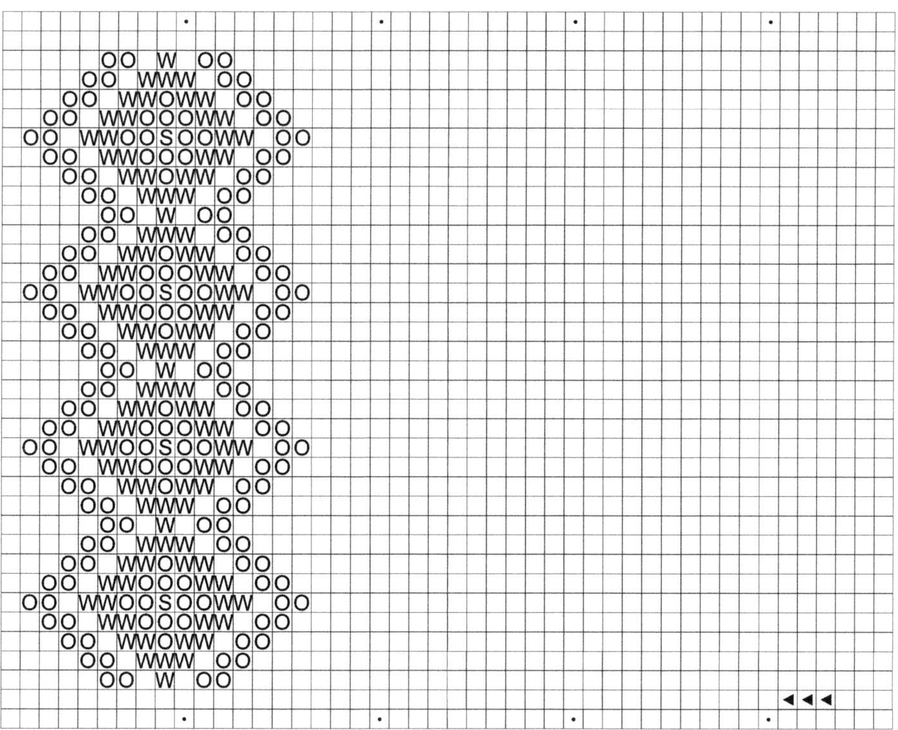

Schwäbische Alb

„Stößer“ wie diese aus schwarzer Wolle mit einem kleinen Muster aus transparenten glänzenden Perlen gehörten bis ins 20. Jahrhundert zur alltäglichen Kleidung älterer Frauen, die auf der Schwäbischen Alb bäuerliche Kleidung trugen. Die schlichten Pulswärmer waren ein dezenter Schmuck zu den oft schwarzen oder dunkelblauen Kleidern aus klein gemusterten Baumwolldrucken. Wir haben die St utzen einmal in grelleren Farben gestrickt (S. 112).

Material:
Wollgarn, Laufweite ca. 100 g / 260 m
zwei Nadeln Stärke 2,5
transparente Perlen (Ø 2,6 mm)

Anleitung:
- Ca. 180 Perlen pro Staucher auffädeln.
- 32 Maschen anschlagen, nicht zur Runde schließen!
- Eine Reihe rechts stricken und rau rechts weiterarbeiten.
- In der zweiten Reihe mit dem Perlenmuster beginnen. Jeder Reihe mit Perlen folgt eine Rückreihe rechts.
- Den Mustersatz wiederholen, bis die Pulswärmer die passende Weite haben, dann abketten und zusammennähen.

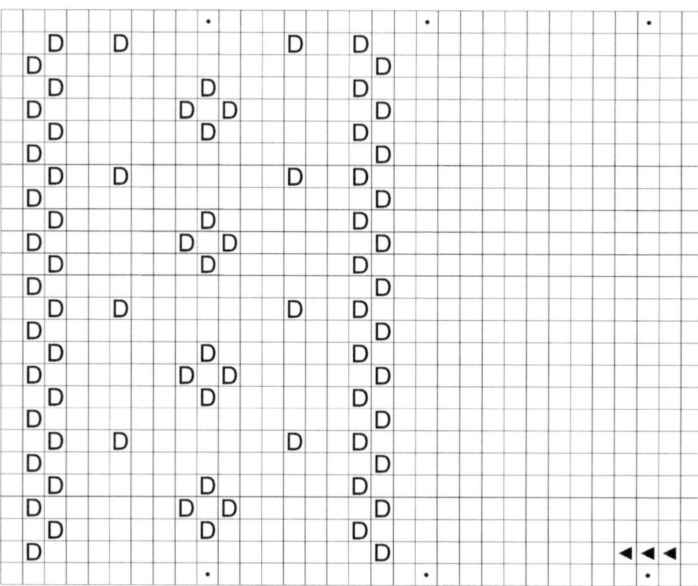

Senftenberg / Spremberg I

(S. 112 unten)

Material:
schwarzes Wollgarn
Nadelspiel der Stärke 1,75–2
weiße und glasig durchscheinende Perlen

Anleitung:

- Perlen nach der Vorlage auffassen: 12 glasige; dann siebenmal je 24 weiße, 24 glasige im Wechsel; abschließend wieder 12 glasige.
- 44 Maschen anschlagen und mit zwei Nadeln rau rechts stricken, das heißt rechte Maschen auf der Vorder- und Rückseite der Arbeit.
- In der dritten Reihe mit dem Einarbeiten der Perlen beginnen. Die Pfeile in der Mustervorlage geben die Strickrichtung an. Perlen werden nur in jeder zweiten Reihe eingestrickt, also bei der 5., 7., 9. Nadel usw.
- Nach neun Rippen wiederholt sich der Mustersatz jeweils. Mit sieben Mustersätzen hat der Pulswärmer in etwa die nötige Weite erreicht.
- Nach der letzten Perlenreihe abketten, die Stulpen zusammennähen und Bögen an die Oberkante häkeln.

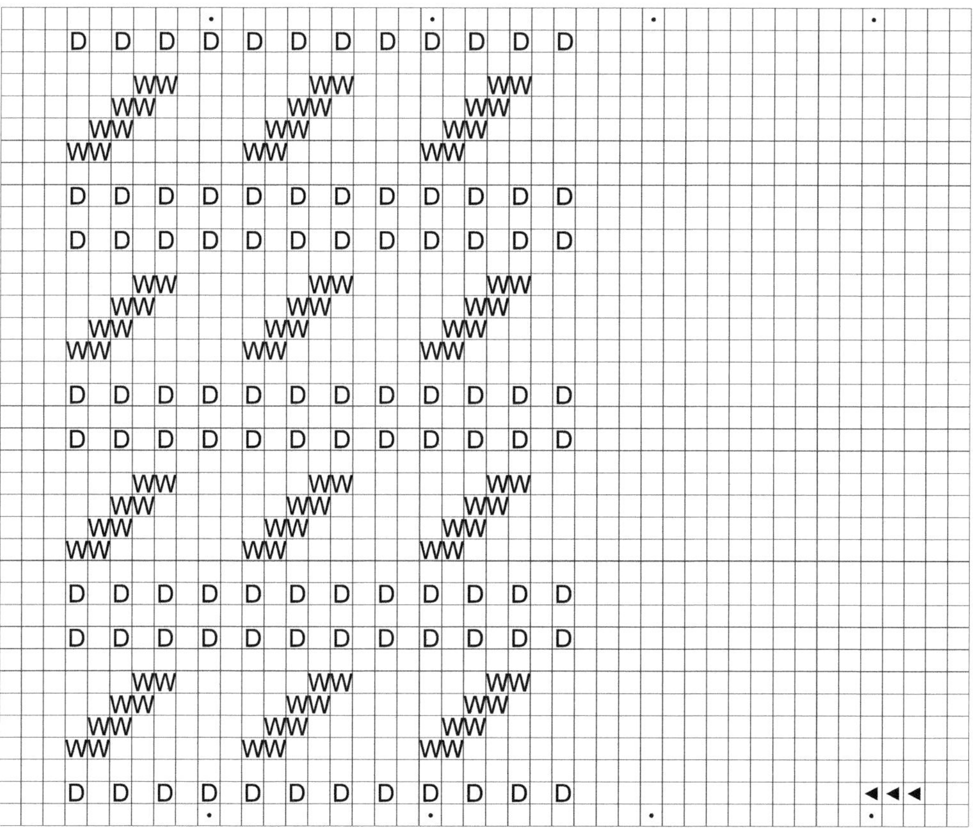

Senftenberg /Spremberg II

(S. 112 oben links)

Material:
schwarzes Wollgarn, Lauflänge 425 m / 100 g
Nadelspiel der Stärke 2,5
schwarze Perlen (Ø 2,6 mm)

Anleitung:
- Ca. 360 Perlen auffädeln.
- 40 Maschen anschlagen und mit zwei Nadeln rau rechts stricken. Das heißt, rechte Maschen auf der Vorder- und Rückseite der Arbeit.
- In der zweiten Reihe mit dem Einarbeiten der Perlen beginnen.
- Der Pulswärmer erreicht die nötige Weite in etwa, wenn der Mustersatz aus jeweils 5 Rippen elfmal wiederholt wurde.

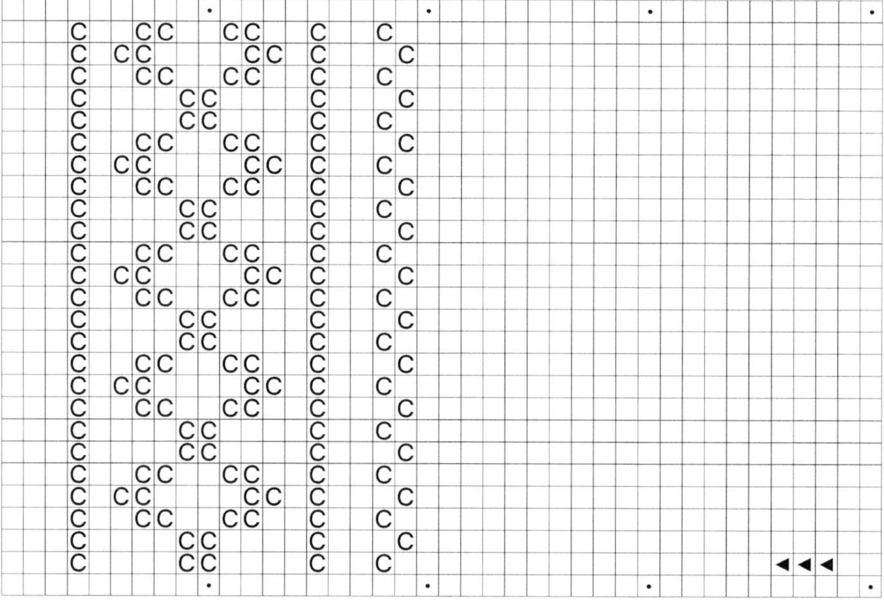

Simbach

Die Originale sind aus roter Wolle gestrickt und großflächig mit goldfarbigen Metallperlen verziert. Sie wurden nach Auskunft der Trachtenschneidermeisterin Frau Rettenbacher so geschlupft, dass die unverzierte Oberkante in die Richtung der Finger zeigte (S. 116 oben links). Pro Staucher sind ca. 800 Perlen eingestrickt! Wir haben die Anzahl der Perlen zum Nacharbeiten reduziert und nur ein Dreieck über dem Handrücken damit verziert (ebd. rechts).

Material:
rotes Wollgarn
zwei Nadeln Stärke 1,5 oder 2
Perlen in Gold

Anleitung:
- Ca. 210 Perlen pro Staucher auffädeln.
- 45 Maschen anschlagen, nicht zur Runde schließen!
- 3 Reihen rau rechts stricken.
- In der vierten Reihe nach sieben Maschen rechts mit dem Einstricken der Perlen beginnen, wobei jeder Reihe mit eine Rückreihe rechts ohne Perlen folgt.
- Für den gebogten Rand, der um den ganzen Stulpen herumgeführt ist, braucht man jeweils die letzten sieben Maschen rechts.
  1. Nadel: in die ersten vier Maschen je eine Perle einstricken, die übrigen drei rechts.
  2. Nadel: eine Rückreihe rechts.
  3. und 4. Nadel wie die ersten beiden stricken.
  5. Nadel: fünfmal einen Umschlag, eine Masche rechts stricken, die restlichen beiden Maschen rechts.
  6. und 7. Nadel rechts.
  8. Nadel: die ersten fünf Maschen abketten.

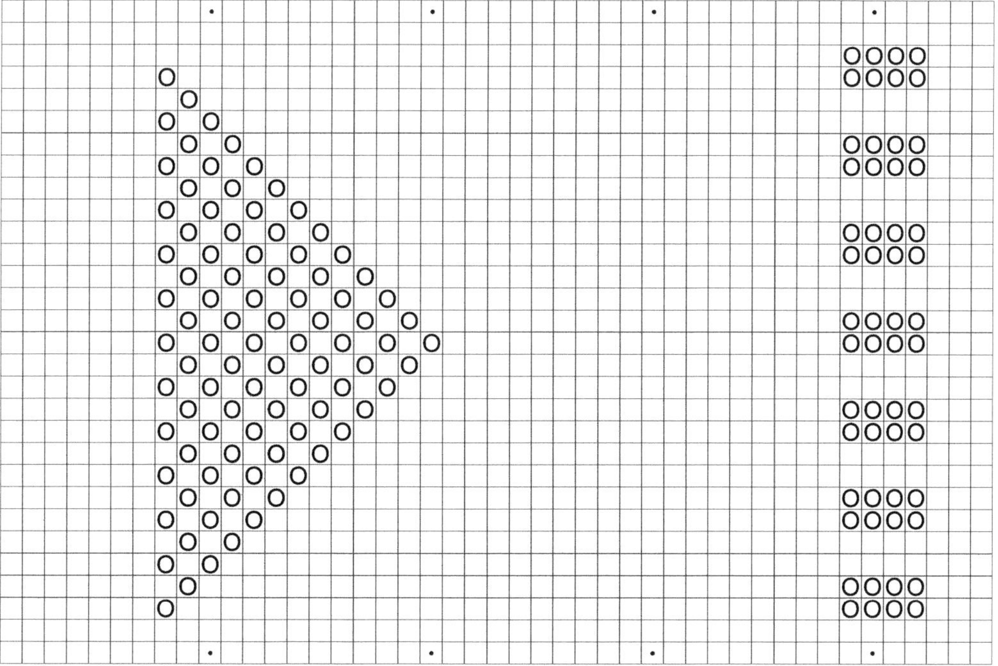

Sonderhofen

Diese Pulswärmer sind aus schwarzem, dünnem Wollgarn gestrickt, mit weißen Perlen versehen und haben an der Oberkante eine dicke grellgrüne Häkelrüsche. Die historischen Originiale sind aus sehr dünner Wolle und rundum gemustert, der aufgezeichnete Mustersatz wurde also wiederholt. Strickt man die Pulswärmer mit der heute handelsüblichen Strumpfwolle so nach, werden sie viel zu weit.

Material:
schwarzes und grünes Wollgarn
zwei Nadeln Stärke 1,75–2 (für die rundum gemusterte Version höchstens 1,5)
Perlen in Weiß (Ø 2,4–2,6 mm, für rundum gemusterte 2,2 mm)

Anleitung:
- Für jeden Stulpen 320 (640) Perlen auffädeln. Das reicht für einen Mustersatz.
- 50 (55) Maschen anschlagen und rau rechts stricken.
- Bei der 3. Nadel mit dem Perlenmuster beginnen. Jeder Reihe mit Perlen folgt eine Zwischenreihe ohne Perlen.
- Jeweils nach 10 Rippen eine kurze Nadel arbeiten und wenden, wenn noch 12 Maschen ungestrickt sind.
- Nach dem Mustersatz rau rechts weiterstricken, bis der Handumfang erreicht ist. (Den Mustersatz ab der zweiten Perlenreihe wiederholen.)
- Abketten, Stulpen zunähen und die Oberkante mit einer grünen Häkelrüsche ausstatten (Anleitung S. 21).

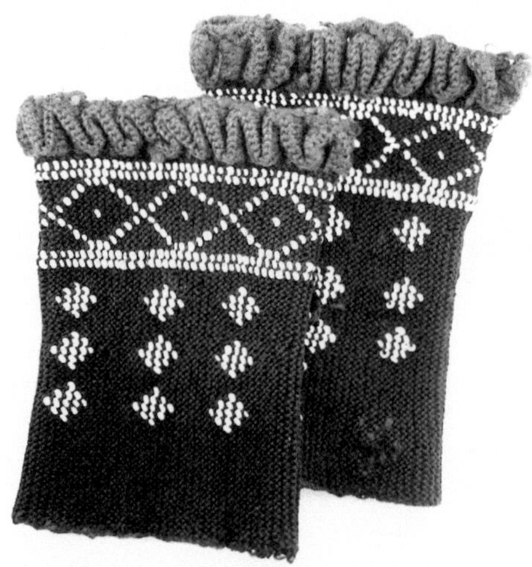

Staucher von Anna Reuß (1911–1985) aus Sonderhofen, Wolle mit Glasperlen (Privatbesitz)

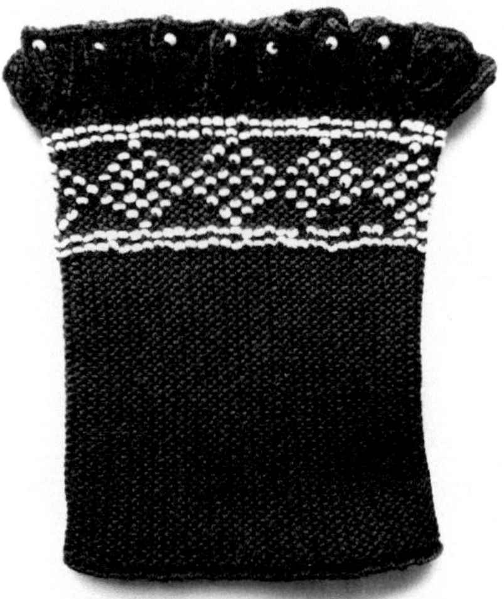

Staucher aus dem Raum Ochsenfurt, Wolle mit Glasperlen, Mitte 20. Jh. (Slg. Düchs, Eichelsee)

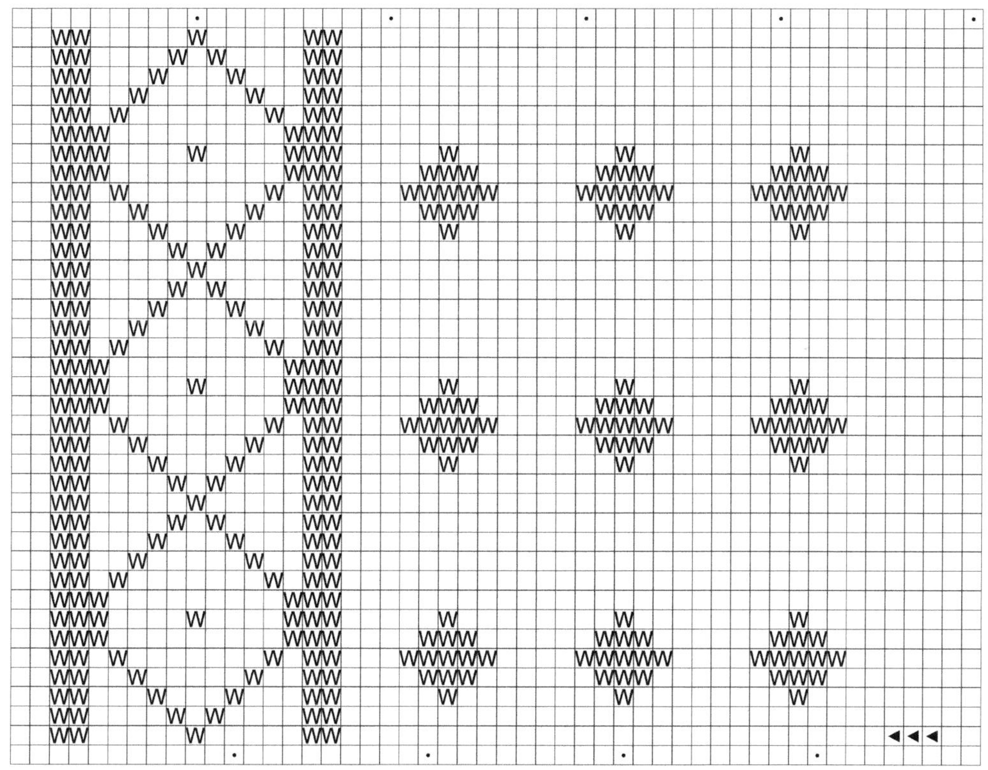

In der Sammlung Düchs gibt es Pulswärmer mit einem kleineren Rautenmuster. Sie sind allerdings an der Oberkante mit einer gestrickten Rüsche ausgestattet (vgl. hierzu das Modell Stein, S. 50).

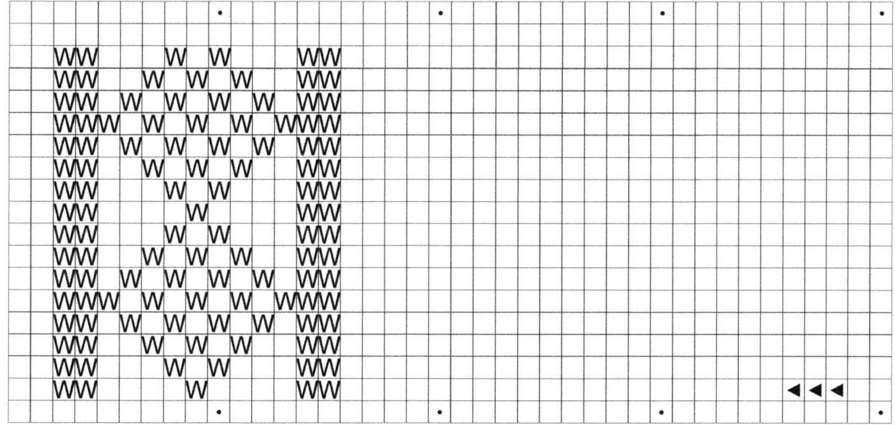

Spalt I

Die Vorlagen für Spalt I–III werden in einer privaten Trachtensammlung in Spalt aufbewahrt. Sie stammen aus der Gegend von Gunzenhausen und Weißenburg in Mittelfranken. Die historischen Stücke haben keinen Daumen und sind flach gestrickt. Bei Spalt I (S. 113) und Spalt II haben wir diese Strickweise beibehalten. Das dritte Perlenmuster haben wir für rund gestrickte Staucher mit Daumen verwen det (Anleitung S. 80).

Material:
blaues, rotes und grünes Wollgarn
zwei Nadeln Stärke 1,75 oder 2
Perlen in Weiß und Gold

Anleitung:
- Pro Staucher auf das grüne Garn 60 weiße Perlen und auf das blaue und rote jeweils 60 goldene Perlen fädeln.
- Mit grünem Garn 46 Maschen anschlagen, nicht zur Runde schließen!
- 2 Nadeln rechts stricken und dann mit dem Perlenmuster beginnen. Dabei nach jeder Nadel mit Perlen eine Rückreihe ohne Perlen arbeiten.
- Nach 5 Rippen (also zehn Nadeln) das Garn in der Reihenfolge grün-rot-blau wechseln.
- Die nötige Weite der Pulswärmer ist etwa nach zwölf Farbwechseln erreicht. Nun abketten und zusammennähen.
- Den Abschluss der Oberkante bilden zwei Runden gehäkelter Bögen. Die erste Runde häkelt man mit rotem Garn. Die Bögen bestehen jeweils aus einer festen Masche und einem Pikot (drei Luftmaschen samt einer goldenen Perle in der Mitte). Die festen Maschen werden dabei jeweils in die vordere Hälfte jeder dritten Randmasche eingestochen. Die zweite Bogenreihe in grünem Garn besteht aus Stäbchen und Pikots und wird in die hintere Hälfte derselben Randmaschen eingestochen.

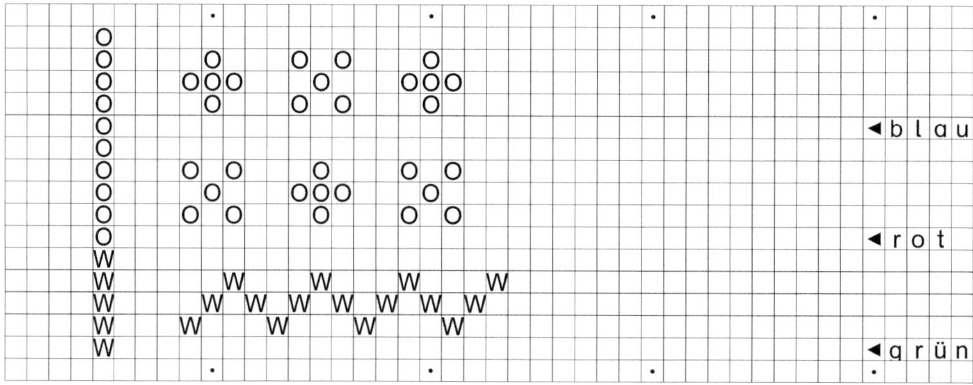

Spalt II

Die historischen Stücke sind in naturweißer Wolle mit weißen Glasperlen gestrickt. Ein schmales Lochmuster unterbricht breitere Streifen mit regelmäßig eingeschobenen Perlen. Die Pulswärmer aus der mittelfränkischen Sammlung in Spalt sind denjenigen aus dem schwäbischen Hergensweiler (S. 31) sehr ähnlich.

Material:
weißes Wollgarn
zwei Nadeln Stärke 1,5 oder 2
Perlen in Weiß

Anleitung:
- Pro Staucher ca. 350 weiße Perlen auffädeln.
- 45 Maschen anschlagen, nicht zur Runde schließen!
- Zwei Rippen rau rechts stricken und dann mit dem Muster beginnen:
  1. Vier Maschen rechts; dann eine rechts mit Perle, zwei rechts, wiederholen. Die letzten drei Maschen rechts stricken.
  2. Rückreihe rechts.
  3. Fünf Maschen rechts; dann eine rechts mit Perle, zwei rechts, wiederholen. Die letzten zwei Maschen rechts stricken.
  4. Rückreihe rechts.
  5.–8. Die ersten drei Musterreihen wiederholen.
  9.–10. Zwei Reihen rechts.
  11. Fünf Maschen rechts; ein Umschlag, zwei Maschen rechts zusammen stricken, wiederholen.
  12. Rückreihe rechts.
- Diesen Mustersatz viermal wiederholen.
- Die Handinnenfläche rau rechts stricken.
- An die Abschlusskante über dem Handrücken Bögen aus jeweils fünf Stäbchen und einer festen Masche häkeln. Dabei zwischen die Stäbchen je eine Perle schieben. Auf der Handinnenseite nur feste Maschen häkeln, keine Bögen.

Stein

Seit zwei Generationen werden „Schlupfer“ aus dünner weißer Baumwolle mit blauen, orangen, roten und grünen Perlen in Stein bei Nürnberg aufbewahrt (S. 113). Entweder hatten die „Schlupfer“ eine sehr originelle Strickerin oder es ist Zufall: Bei den historischen Originalen wurden bei einem der Stücke anstelle der roten Perlen grüne eingestrickt und umgekehrt. Vergleichbare Staucher mit einer ges trickten Rüsche an der Oberkante, aber einfarbig blauen Perlen sind auch aus dem Landkreis Roth überliefert.[2]

<u>Material:</u>
weißes Baumwollgarn
Nadelspiel der Stärke 1,75 bis 2
Perlen in Blau, Orange, Rot und Grün

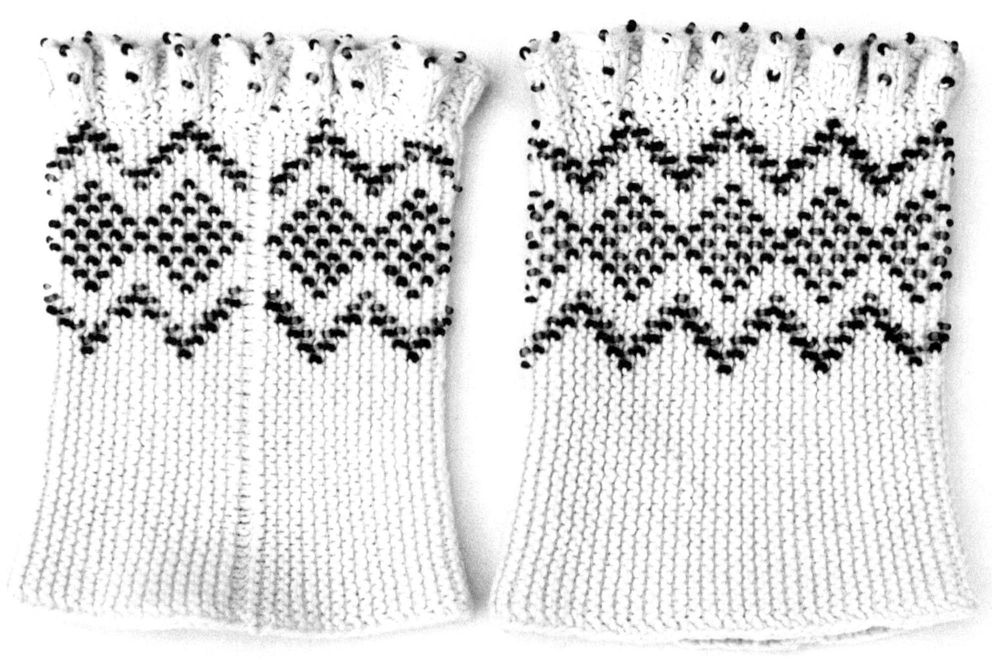

Staucher aus dem Raum Nürnberg, Baumwolle mit Glasperlen, 1. Hälfte 20. Jh. (Privatbesitz)

Anleitung:

- Für jeden Handschuh den doppelten Mustersatz an Perlen auffädeln.
- 47 Maschen anschlagen und zwei Nadeln rau rechts stricken.
- Nun die Perlen nach der Vorlage einarbeiten. Bei jeder Zackenspitze eine verkürzte Nadel stricken.
- Nach dem Abketten die Pulswärmer zusammennähen.
- Für die Oberkante Perlen in der Farbfolge blau, orange, rot, grün auffädeln. Rund herum Maschen im Muster zwei rechts, zwei links aus der Oberkante heraus stricken.

  2. Runde: 1 rechts, 1 zunehmen, 1 rechts, 1 links, 1 zunehmen, 1 links.
  3. Runde: 3 rechts, 3 links. In die Mitte der rechten Maschen jeweils eine Perle stricken.
  4. Runde: 2 rechts, 1 zunehmen, 1 rechts, 2 links, 1 zunehmen, 1 links.
  5. Runde: 4 rechts, 4 links.
- Noch dreimal nach diesem Schema zunehmen. Beim letzten Überstricken die aufgenomme nen Perlen gleichmäßig mit einschieben, anschließend abketten.

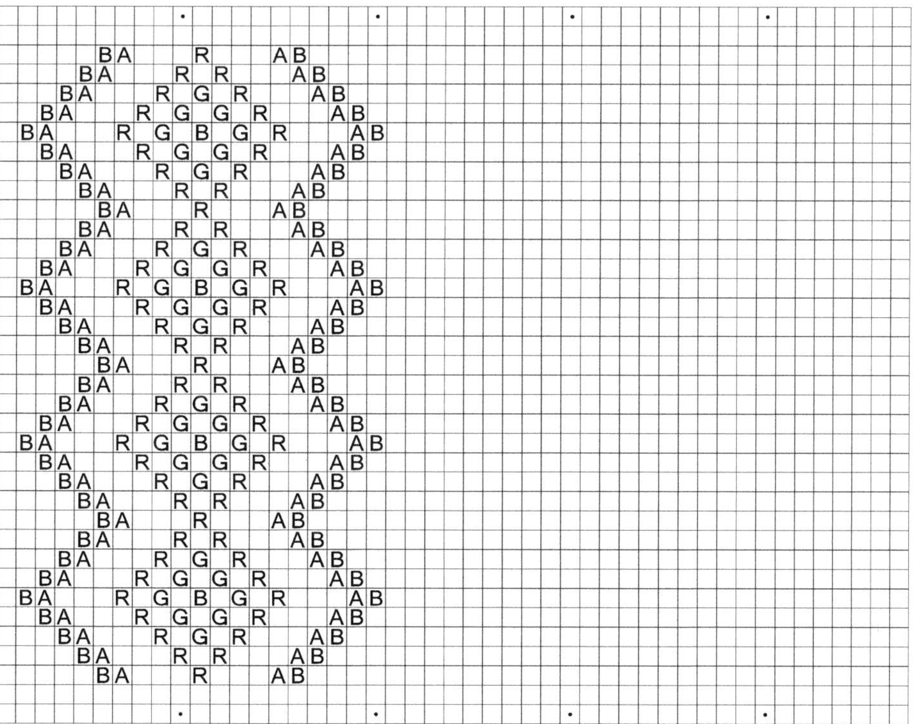

Vasbühl I

Aus Vasbühl kommen Pulswärmer aus dunkelroter Wolle, die rundum mit weißen Perlen versehen und blau umhäkelt wurden. Zwischen Schweinfurt und Ochsenfurt gibt es etliche Stücke in derselben Farbkombination: rote Wolle, blau umhäkelt mit weißen Perlen. Nur die eingestrickten Muster variieren (siehe S. 54 u. 115 unten links). Wir haben die Vorlage aus Vasbühl in schwarz mit blauen Perlen gear beitet und das neue Paar außerdem mit einem Daumenschlitz versehen (S. 53).

Material:
rotes Wollgarn
zwei Nadeln Stärke 1,5 oder 2
Perlen in Weiß

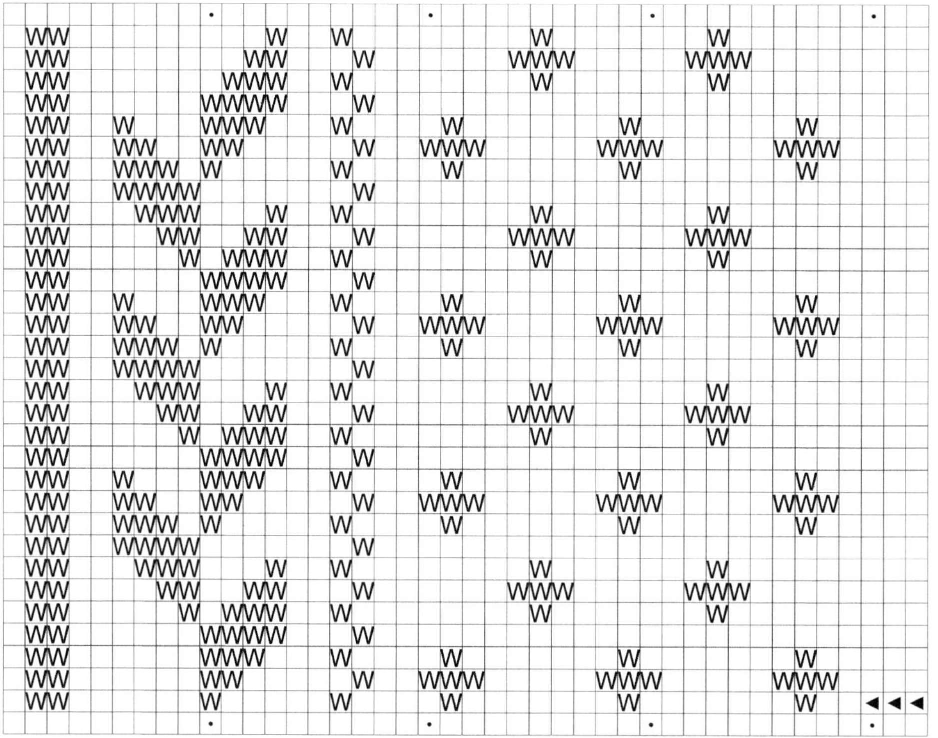

Anleitung:

- Für jeden Handschuh 333 Perlen auffädeln.
- 44 Maschen anschlagen, nicht zur Runde schließen!
- Das Grundmuster ist rau rechts.
- In der 3. Reihe mit dem Perlmuster beginnen.
- Nach jeder gemusterten Reihe eine Zwischenreihe ohne Perlen stricken.
- Damit die Staucher ums Handgelenk gut passen, nach 10 Rippen jeweils eine kurze Nadel arbeiten, bei der 12 Maschen liegen bleiben.
- Am Ende des Perlenmusters rau rechts weiterstricken, bis der Handumfang erreicht ist.
- Abketten und zusammennähen. Etwa 10 Maschen für den Daumen offen lassen.
- Die obere Abschlusskante mit Bögen umhäkeln. Die Daumenöffnung ebenso.

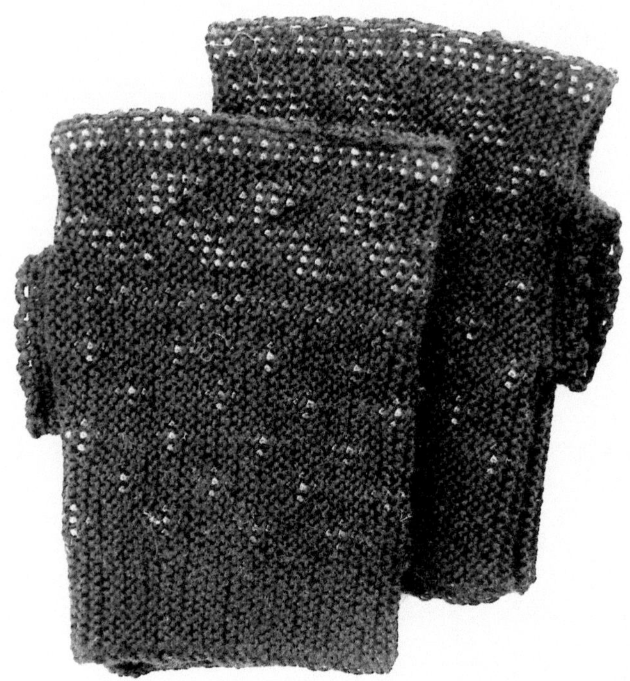

Staucher nach der Vorlage Vasbühl I, gestrickt von Edith Werner, 2003

Volkach I

Das Original dieser Pulswärmer (S. 115) wird im Museum Barockscheune Volkach aufbewahrt. Sein genauer Herkunftsort ist unbekannt.

Material:
hochrotes und blaues Wollgarn
zwei Nadeln Stärke 1,75 oder 2
Perlen in Weiß

Anleitung:

- Für jeden Handschuh ca. 430 Perlen auffädeln.
- 37 Maschen anschlagen, nicht zur Runde schließen!
- Weiter wie bei den Stauchern Vasbühl I vorgehen.
- Die Oberkante der Pulswärmer mit einer Runde fester Maschen aus blauer Wolle und dann mit Bögen aus roter Wolle umhäkeln.

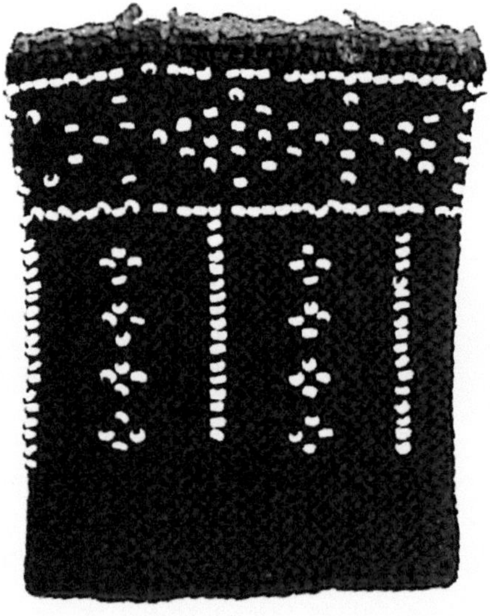

Pulswärmer, Wolle mit Glasperlen, 1. Hälfte 20. Jh. (Museum Barockscheune Volkach)

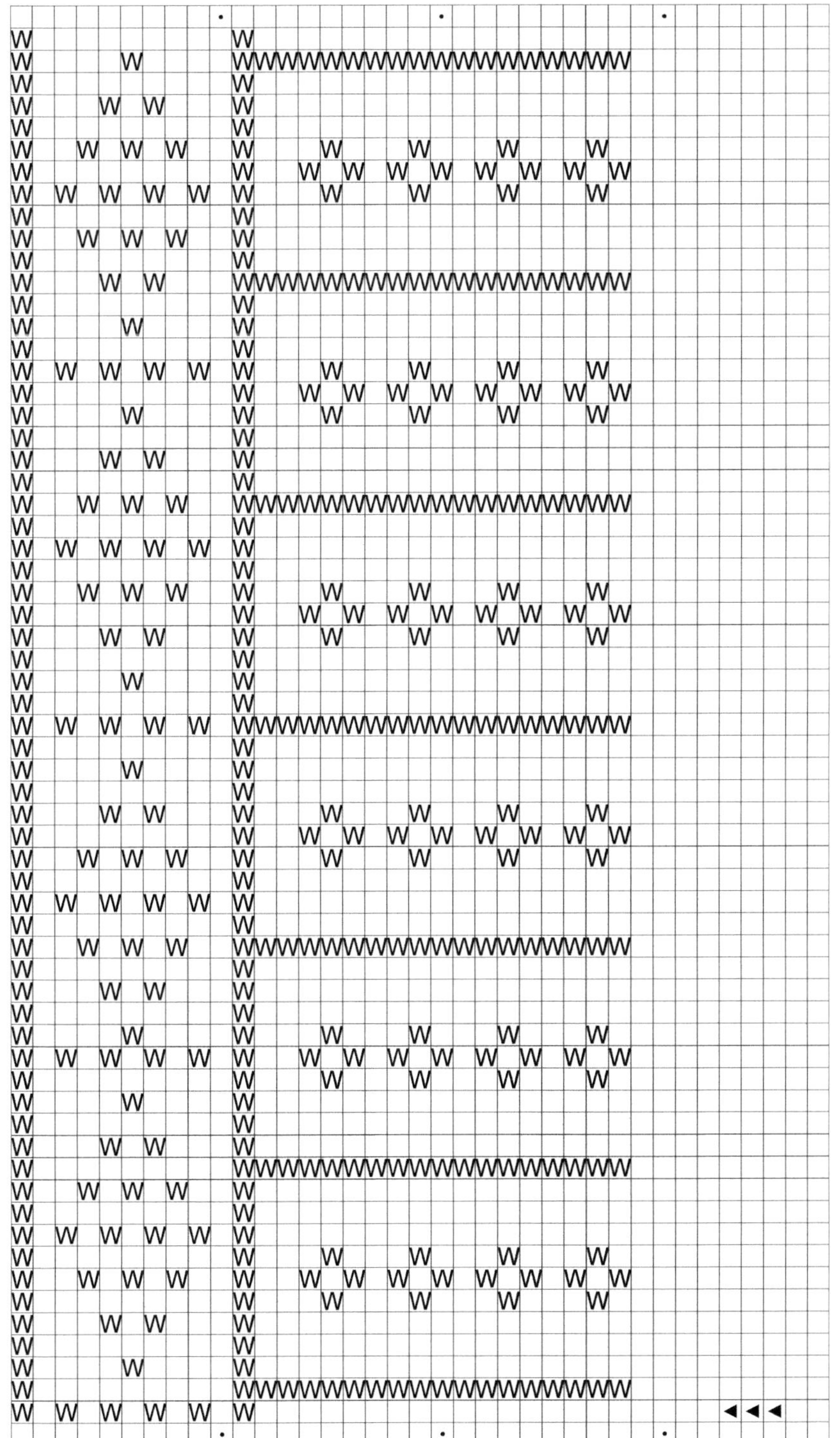

Weisbach

Die Pulswärmer aus Weisbach in der Rhön waren aus schwarzer Wolle und goldfarbigen Metallperlen angefertigt. Hier sind sie mit Glasperlen gestrickt (S. 115).

<u>Material</u>:
schwarzes Wollgarn
zwei Nadeln Stärke 2
Perlen in Gold

<u>Anleitung</u>:
– Für jeden Handschuh 370 Perlen auffädeln.
– 35 Maschen anschlagen, nicht zur Runde schließen!
– Weiter wie bei den Stauchern Vasbühl I vorgehen.

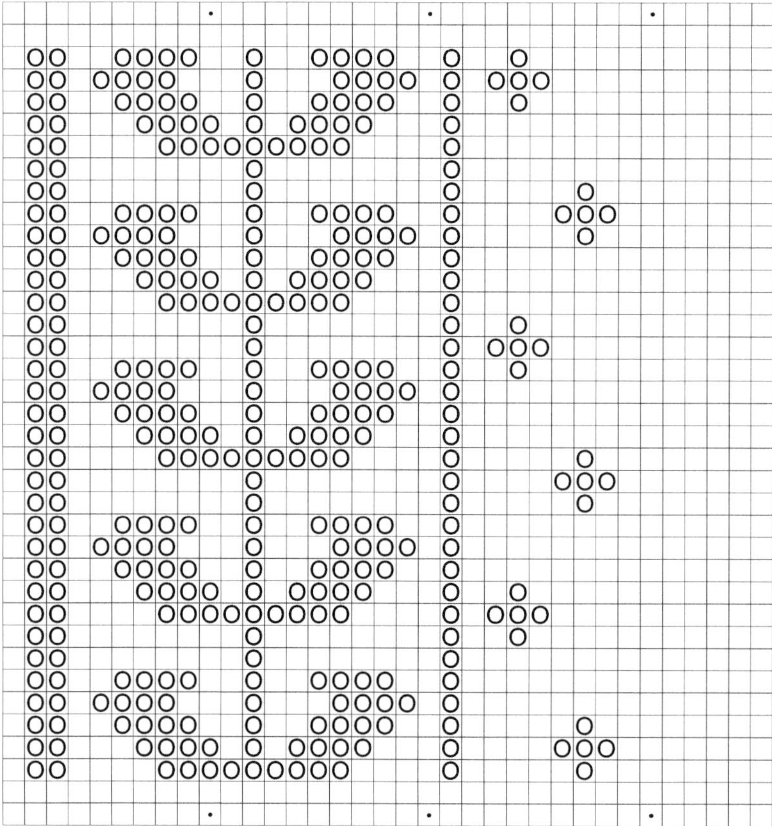

Rund gestrickte Staucher

Perlen glatt rechts einstricken

Zum Einstricken einer Perle sticht man in die betreffende rechte Mache ein, schiebt eine Perle heran und nimmt sie beim Fadenholen mit in die Masche hinein. Die Perle liegt so unter der rechten Nadel vor der Strickarbeit. Für das Stricken der nächsten Runde gibt es nun zwei Möglichkeiten:

1. die mit Perlen versehenen Maschen der Vorrunde rechts verschränkt abstricken, oder
2. die mit Perlen versehenen Maschen der Vorrunde rechts abstricken. Hier ist jedoch unbedingt beim Einstechen der Nadel darauf zu achten, dass die Perle am rechten Rand der Masche liegen bleibt.

Wenn die Perle nach hinten wegrutscht, dann ist das Gestrickte zu locker oder die Perle im Verhältnis zur Wolle zu klein. Versuchen sie es mit verschränktem Stricken, einem dünneren Nadelspiel oder auch dickeren runden Perlen. Glatte Stiftperlen eignen sich oft nicht zum Einstricken.

Daumenspickel und Daumen

Bei den historischen Stücken aus Hoyerswerda, Ippertshausen, Krumbach, Schaumburg-Lippe handelt es sich um rund gestrickte Stulpen ohne Daumen. Bei allen anderen lagen uns Staucher mit Daumen vor. Eine Anleitung für das Daumenstricken enthalten die Beschreibungen zu den Modellen Jänschwalde und Spalt III.

Wie viele Maschen für den Spickel und das Daumenloch aufzunehmen sind, richtet sich jeweils nach der Garnstärke und nach der Größe der Hand. Die Maschenzahl für den Daumen liegt so etwa zwischen 24 und 30. Für die Gestaltung der Daumen gibt es mehrere Möglichkeiten. Entweder der Daumen bleibt ohne Perlen, erhält ein kleines Perlenmuster im oberen Teil oder das Muster fängt bereits im Spickel an und läuft über den ganzen Daumen hoch. Solche Perlenmuster, die schon auf dem Daumenspickel beginnen (z. B. bei Aschach, Bergrheinfeld V und Ochsenfurt VIII), erfordern einige Übung und eine besonders sorgfältige Planung. Einfacher zu handhaben ist ein kleines Muster, das erst nach dem Spickel beginnt (s. S. 122 u. 125). Die Perlen dazu fädelt man auf, bevor der Faden am Daumenloch neu angesetzt wird.

Jänschwalde

Wir haben hier ein Modell vorangestellt, mit dem sich die runde Strickweise mit Daumen üben lässt. Zur sorbischen Mädchentracht gehörten Stulpen mit bunten Ringeln. Nach Belieben wurden gelegentlich Perlen einer Farbe mit eingearbeitet. Unsere Halbhandschuhe (S. 118) orientieren sich in Farbgebung und Strickmuster an Armstutzen, wie sie in den 1930er-Jahren von Mädchen in Jänschwalde zu de n kurzärmeligen Blusen ihrer Festtagstracht getragen wurden. Sie verzichten ganz auf Perlen. Durch die Verwendung von zwei Nadelspielen unterschiedlicher Stärke erhalten sie eine gute Passform.

Material:
Wollgarn mehrerer Farben
Nadelspiele der Stärke 1,5 und 2,5

Anleitung:
- Mit dem stärkeren Nadelspiel 56 Maschen in der Grundfarbe anschlagen und 50 Runden eine rechts/eine links stricken.
- Die dünnen Nadeln einstricken und nun eine rechts verschränkt/eine links arbeiten. So entsteht am Handgelenk ein anliegendes Bündchen. Nach Belieben 1–4 Runden breite Ringel in Kontrastfarben arbeiten.
- Nach zwanzig Runden wieder auf die dickeren Nadeln wechseln. Das Muster beibe halten. Nun beginnt der Daumenspickel.
- Zum Daumenspickel auf der ersten Nadel vier Maschen stricken, eine Masche aufnehmen, vier stricken, eine aufnehmen. Drei Runden drüberstricken und an denselben Stellen wieder aufnehmen. Dies so oft wiederholen, bis acht Maschen (vier Rechte und vier Linke) neu dazugekommen sind. Danach an dieser Stelle 15 Maschen auf einer Sicherheitsnadel ablegen und sta ttdessen sieben Maschen neu anschlagen. Damit das Daumenloch schließen.
- Weiter geht es rund 15 Runden eine rechts verschränkt/eine links wie zuvor. Die letzten vier Runden in der Grundfarbe stricken, abketten.
- Die Oberkante mit Bögen umhäkeln.
- Den Daumen mit insgesamt 24 Maschen im Grundmuster stricken und ebenfalls mit Bögen abschließen.

Aschach

(S. 120)

Material:
schwarzes Wollgarn
Nadelspiel Stärke 1,5 oder 2, Perlen in Blau, Weiß und Gold

Anleitung:
- Perlen nach der Vorlage auffädeln, 64 Maschen anschlagen. Für das Bündchen 6 cm hoch 2 rechts / 2 links stricken, dann glatt rechts weiter.

- Mittig zum Handrücken die Perlen einarbeiten. Das Aufnehmen für den Daumenspickel erfolgt entlang der gekennzeichneten Maschenreihe.
- Als Abschluss Mausezähnchen oder gehäkelte Bögen anfügen (Anleitung S. 20).
- Für den Daumen die im Spickel begonnene Perlenbordüre etwa 14 Runden weiterführen.

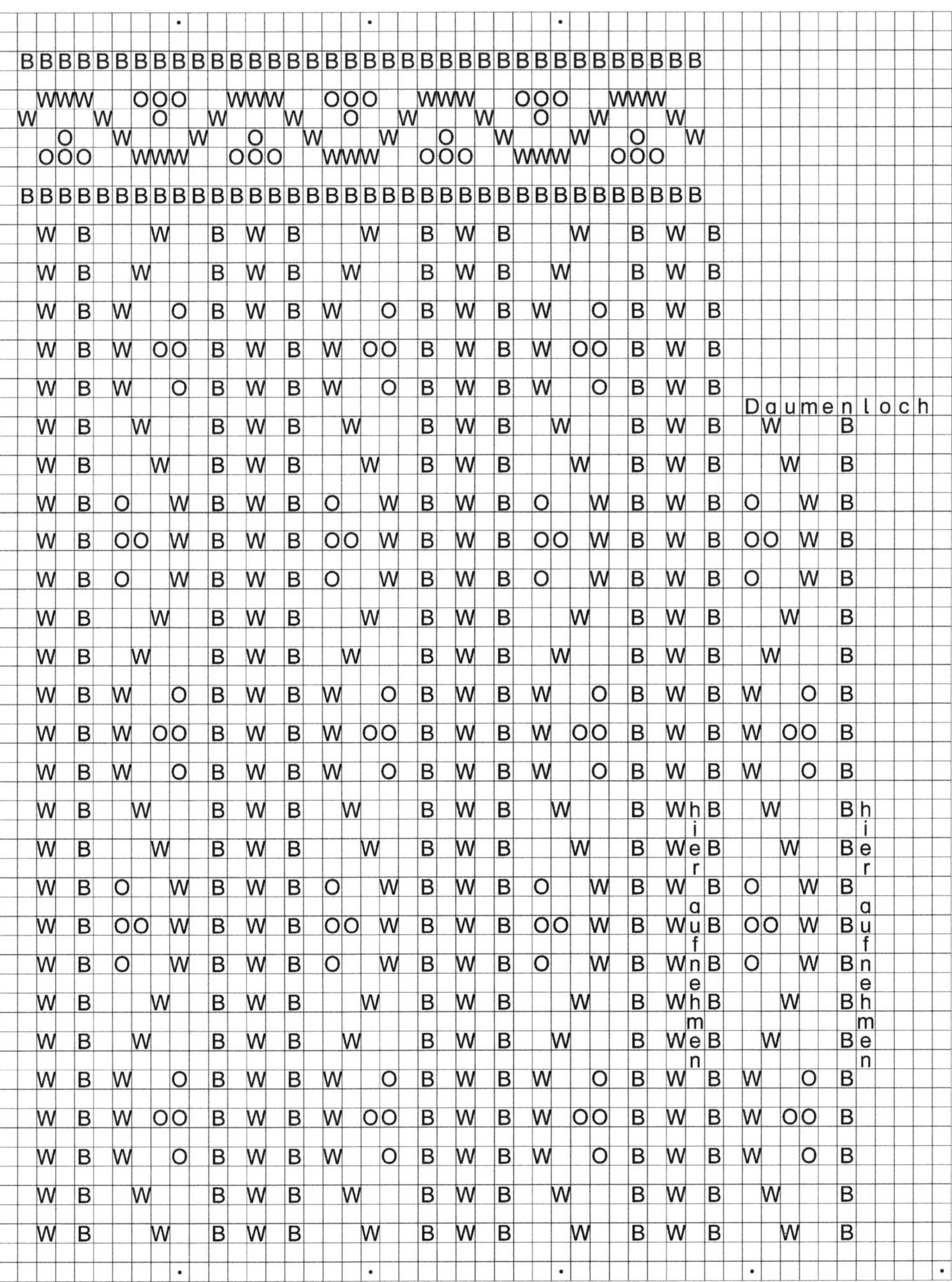

Bergrheinfeld III

Das Original ist aus schwarzer Wolle gefertigt und mit facettierten silberfarbigen Metallperlen versehen. Das Sternmuster war im Schweinfurter Raum in Kombination mit unterschiedlichen Bordüren sehr verbreitet. Der aufgezeichnete Mustersatz entspricht dem der historischen Stücke und sollte vor dem Nachstricken in der Breite etwa um 5–10 Maschen gekürzt werden.

Material:
schwarzes Wollgarn (Angaben in Klammern für sehr dünnes Garn und kleine Perlen)
Nadelspiel 1,5 oder 2
Perlen in einer Farbe

Anleitung:
- Perlen auffädeln (ca. 600).
- Mit Wollgarn 64 Maschen anschlagen (88).
- 6 cm Bündchen mit 2 rechts / 2 links stricken.
- Weiter geht es glatt rechts. Nur zwischen den Zickzack-Bändern des Perlenmusters jeweils zwei Maschen links stricken, wie es die „l“ im Perlenmuster andeuten.
- Über dem Handrücken die Perlen nach der Vorlage einarbeiten.
- Als Abschluss Mausezähnchen anfügen.

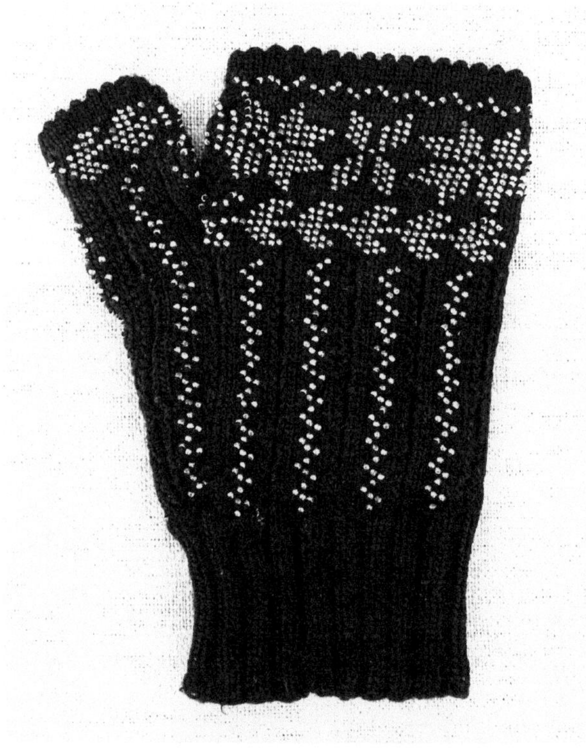

Staucher von Rosa Hochrein (1887–1975) aus Bergrheinfeld, Wolle mit facettierten Metallperlen (Privatbesitz)

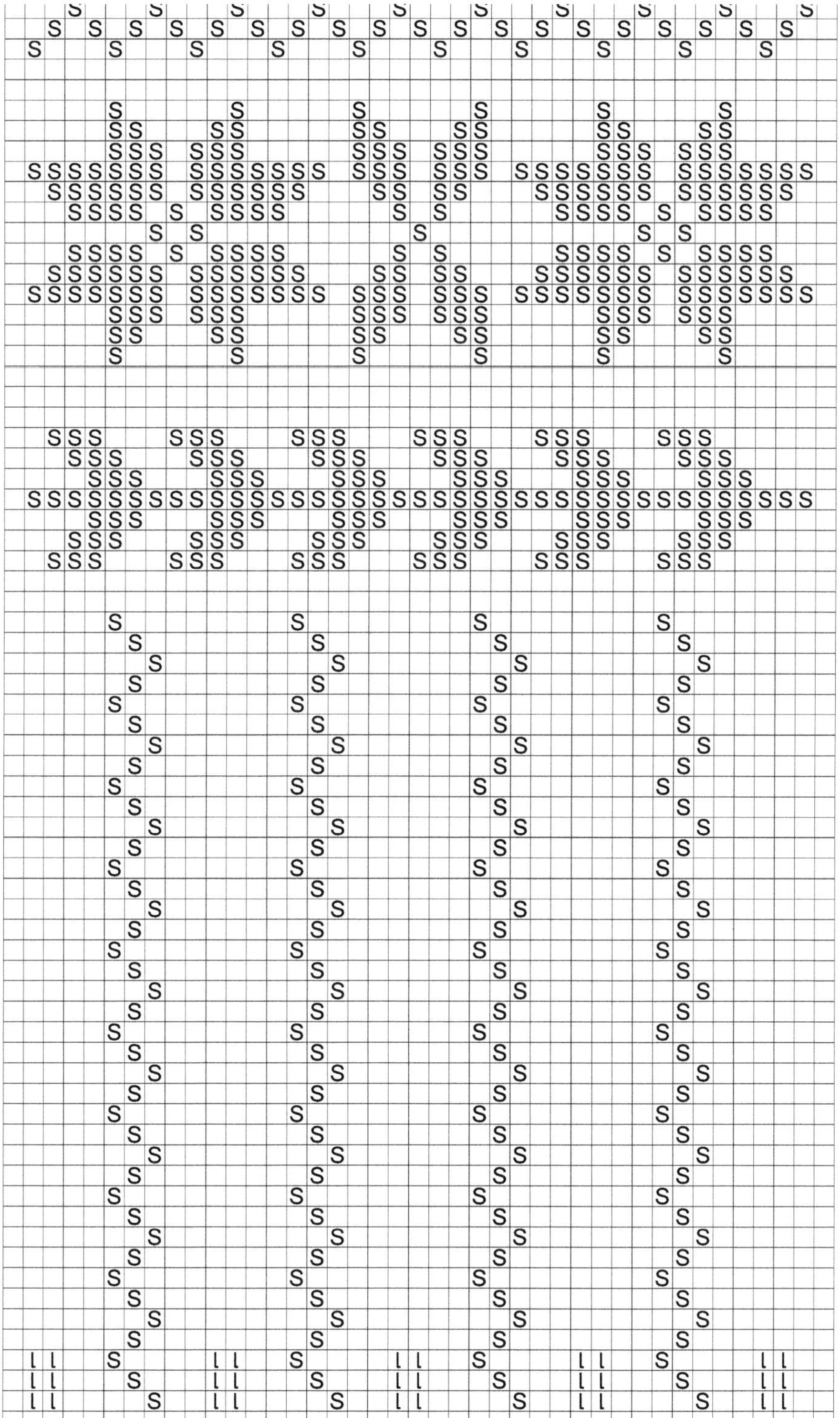

Bergrheinfeld IV

Diese Staucher sind aus schwarzer Wolle gestrickt und mit facettierten goldenen und silbernen Metallperlen sowie weißen und roten Glasperlen versehen. Das Blumenmuster wird beim Nachstricken mit handelsüblichen Perlen sehr breit. Es sollte nur mit sehr kleinen Perlen 1:1 nachgearbeitet werden. Das Muster war im Landkreis Schweinfurt sehr verbreitet (S. 111). Eine neue Variante ist auf S. 90 zu finden.

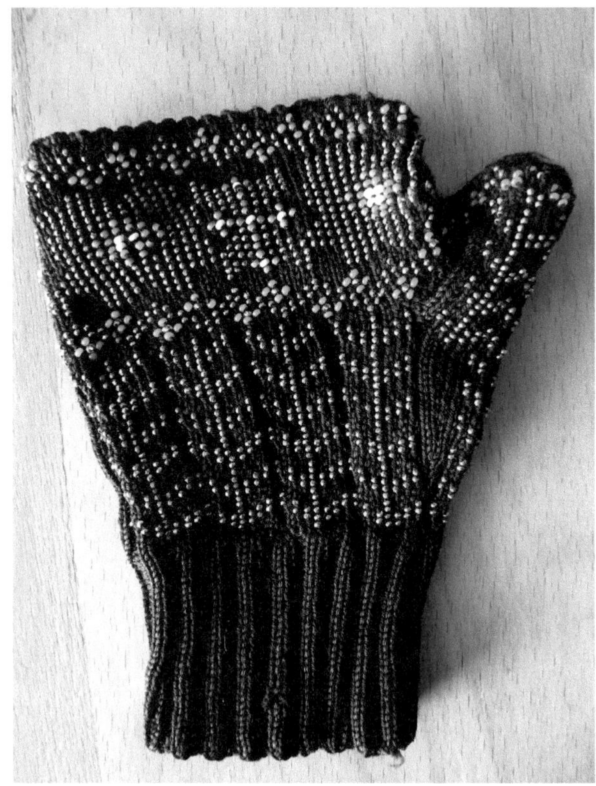

Staucher von Adelheid Eusemann (1894–1982) aus Bergrheinfeld, bis um 1972 getragen, Wolle mit Stahl- und Messingperlen, Blumenmuster aus Glasperlen in Weiß, Blau und Rot (Privatbesitz)

Mustersatz historischer Originale, vor dem Nachstricken kürzen!

Bergrheinfeld V

Mustersatz historischer Originale, vor dem Nachstricken kürzen!

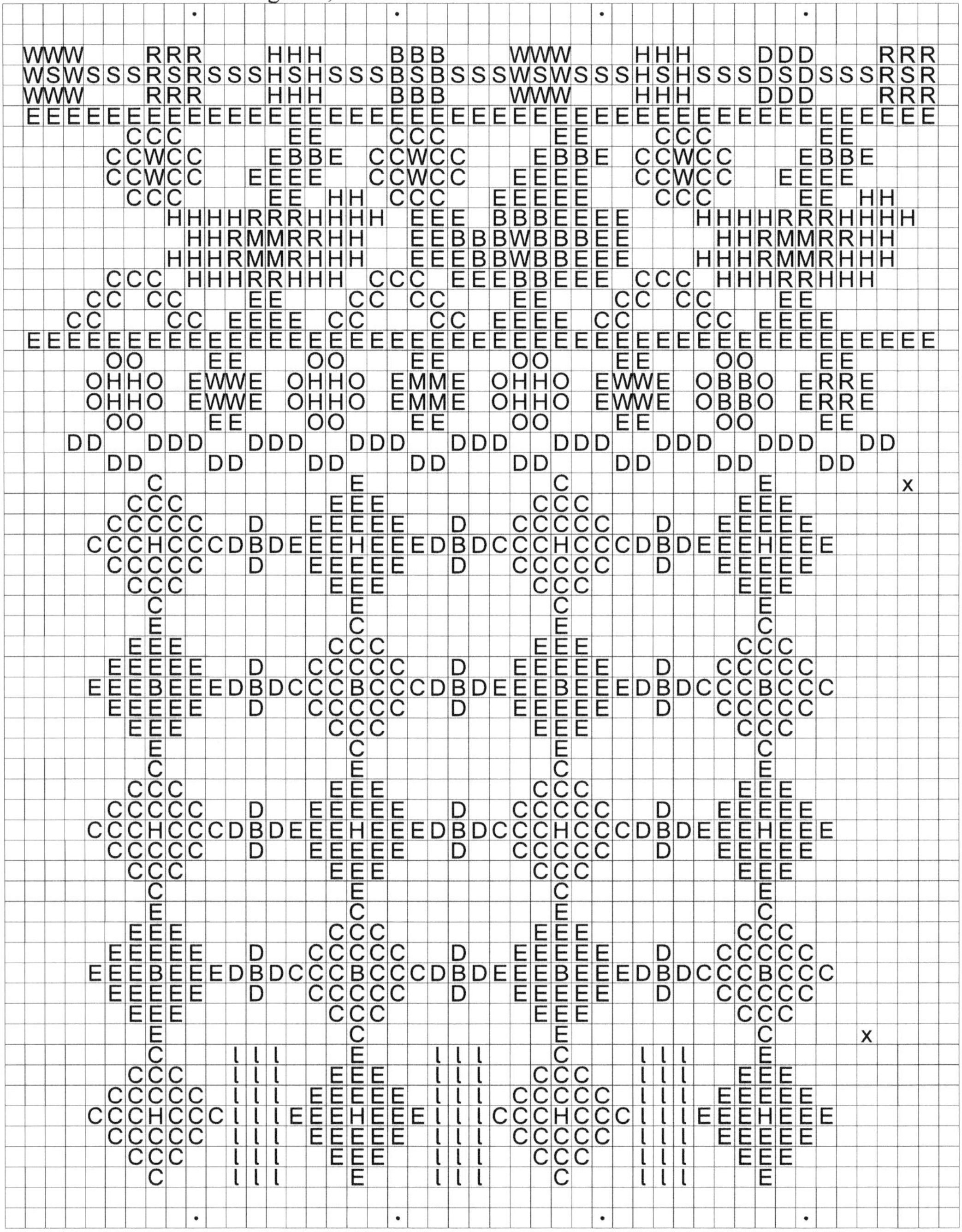

```
         •         •         •         •

 WWW   RRR   HHH   BBB   WWW   HHH   DDD   RRR
 WSWSSSRSRSSSHSHSSSBSBSSSWSWSSSHSHSSSDSDSSSRSR
 WWW   RRR   HHH   BBB   WWW   HHH   DDD   RRR
 EEEEEEEEEEEEEEEEEEEEEEEEEEEEEEEEEEEEEEEEEEEEE
      CCC     EE   CCC     EE   CCC     EE
     CCWCC   EBBE CCWCC   EBBE CCWCC   EBBE
     CCWCC  EEEE  CCWCC  EEEE  CCWCC  EEEE
      CCC    EE HH CCC  EEEEE   CCC    EE HH
        HHHHRRRHHHH EEE BBBEEEE   HHHHRRRHHHH
         HHRMMRRHH  EEBBBWBBBEE    HHRMMRRHH
        HHHRMMRHHH  EEEBBWBBEEE   HHHRMMRHHH
     CCC HHHRRHHH CCC EEEBBEEE CCC HHHRRHHH
    CC CC   EE   CC CC   EE   CC CC   EE
   CC   CC EEEE CC   CC EEEE CC   CC EEEE
 EEEEEEEEEEEEEEEEEEEEEEEEEEEEEEEEEEEEEEEEEEEEE
     OO   EE   OO   EE   OO   EE   OO   EE
    OHHO EWWE OHHO EMME OHHO EWWE OBBO ERRE
    OHHO EWWE OHHO EMME OHHO EWWE OBBO ERRE
     OO   EE   OO   EE   OO   EE   OO   EE
   DD  DDD  DDD  DDD  DDD  DDD  DDD  DDD  DD
     DD   DD   DD   DD   DD   DD   DD   DD
       C         E         C         E      x
      CCC       EEE       CCC       EEE
     CCCCC  D  EEEEE  D  CCCCC  D  EEEEE
    CCCHCCCDBDEEEHEEEDBDCCCHCCCDBDEEEHEEE
     CCCCC  D  EEEEE  D  CCCCC  D  EEEEE
      CCC       EEE       CCC       EEE
       C         E         C         E
       E         C         E         C
      EEE       CCC       EEE       CCC
     EEEEE  D  CCCCC  D  EEEEE  D  CCCCC
    EEEBEEEDBDCCCBCCCDBDEEEBEEEDBDCCCBCCC
     EEEEE  D  CCCCC  D  EEEEE  D  CCCCC
      EEE       CCC       EEE       CCC
       E         C         E         C
       C         E         C         E
      CCC       EEE       CCC       EEE
     CCCCC  D  EEEEE  D  CCCCC  D  EEEEE
    CCCHCCCDBDEEEHEEEDBDCCCHCCCDBDEEEHEEE
     CCCCC  D  EEEEE  D  CCCCC  D  EEEEE
      CCC       EEE       CCC       EEE
       C         E         C         E
       E         C         E         C
      EEE       CCC       EEE       CCC
     EEEEE  D  CCCCC  D  EEEEE  D  CCCCC
    EEEBEEEDBDCCCBCCCDBDEEEBEEEDBDCCCBCCC
     EEEEE  D  CCCCC  D  EEEEE  D  CCCCC
      EEE       CCC       EEE       CCC
       E         C         E         C    x
       C   lll   E   lll   C   lll   E
      CCC  lll  EEE  lll  CCC  lll  EEE
     CCCCC lll EEEEE lll CCCCC lll EEEEE
    CCCHCCClllEEEHEEElllCCCHCCClllEEEHEEE
     CCCCC lll EEEEE lll CCCCC lll EEEEE
      CCC  lll  EEE  lll  CCC  lll  EEE
       C   lll   E   lll   C   lll   E

         •         •         •         •
```

Für diese aufwendigen Straucher aus schwarzer Wolle wurden zehn verschiedene Sorten Perlen verwendet. Die dadurch entstandenen, fein abgestimmten Farbabstufungen sind sehr reizvoll. Wir haben uns nicht daran gewagt, diese Staucher originalgetreu nachzustricken. Dennoch wollten wir nicht auf das Abdrucken des Musters verzichten. Greift man Teile heraus, können neue, einfachere Stulpen entstehen.

Me tallperlen:
O goldfarbig rund
S silbern facettiert

Glasperlen:
C schwarz facettiert
R durchscheinend rot
D durchscheinend glasig
M milchig weiß
W weiß
E durchscheinend gelb
H hellblau
B dunkelblau

Die drei freien Maschen zwischen den Rauten am unteren Rand des Musters sind sieben Reihen lang links gestrickt. Die Staucher liegen dadurch besser an. Das Daumenmuster beginnt auf gleicher Höhe wie das des Handrückens. Bis zum Daumenschlitz müssen die Perlen gleich am Anfang mit aufgefädelt werden! Die obere Reihe gelber Perlen umschließt den ganzen Daumenrand.

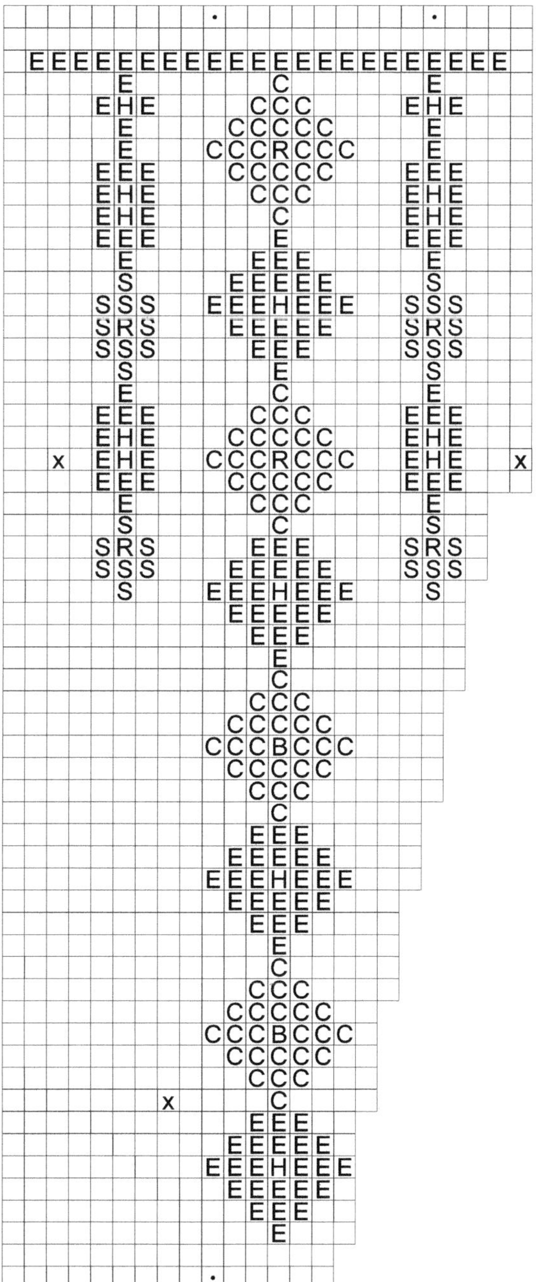

Bergrheinfeld VI

Material:
schwarzes Wollgarn
Nadelspiel Stärke 1,5 oder 2
Perlen in Blau, Weiß, Rot, Silber und Gold

Anleitung:
- Perlen nach der Vorlage auffädeln und 64 Maschen anschlagen.
- Bündchen 6 cm hoch 2 rechts/2 links stricken.
- Die Hand glatt rechts stricken und die Perlen nach dem Muster einarbeiten.
- Als Abschluss Mausezähnchen anfügen.
- Für den Daumen das Perlenmuster des Handrückens weiterführen.

Mustersatz der historischen Originale (S. 120), vor dem Nachstricken kürzen!

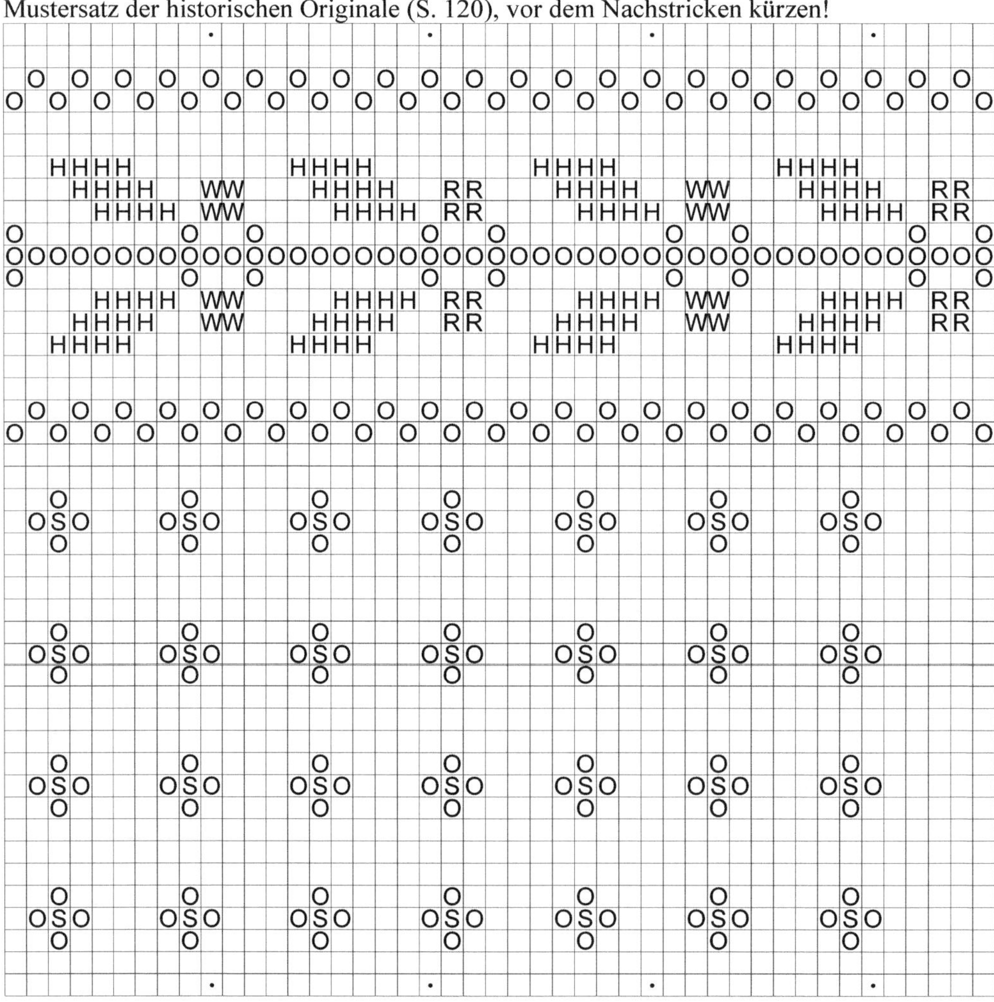

Bergrheinfeld VII

Diese Staucher aus dünner schwarzer Wolle waren mit facettierten silbernen und goldenen Metallperlen versehen (S. 110).

Mustersatz der historischen Originale mit Metallperlen

									•										•										•										•					
	S	S	S				S	S	S				S	S	S				S	S	S				S	S	S				S	S	S				S	S	S					
		S	S	S				S	S	S				S	S	S				S	S	S				S	S	S				S	S	S				S	S	S				
			S	S	S				S	S	S				S	S	S				S	S	S				S	S	S				S	S	S				S	S	S			
				S	S	S				S	S	S				S	S	S				S	S	S				S	S	S				S	S	S				S	S	S		
	O	O	O	O	O	O	O	O	O	O	O	O	O	O	O	O	O	O	O	O	O	O	O	O	O	O	O	O	O	O	O	O	O	O	O	O	O	O	O	O	O	O	O	
	O	O	O	O	O	O	O	O	O	O	O	O	O	O	O	O	O	O	O	O	O	O	O	O	O	O	O	O	O	O	O	O	O	O	O	O	O	O	O	O	O	O	O	
				S	S	S				S	S	S				S	S	S				S	S	S				S	S	S				S	S	S				S	S	S		
			S	S	S				S	S	S				S	S	S				S	S	S				S	S	S				S	S	S				S	S	S			
		S	S	S				S	S	S				S	S	S				S	S	S				S	S	S				S	S	S				S	S	S				
	S	S	S				S	S	S				S	S	S				S	S	S				S	S	S				S	S	S				S	S	S					
									•										•										•										•					

Wir haben sie in einer handelsüblichen grauen Wolle mit roten und glasig silbern schimmernden Glasperlen ausprobiert (S. 111).

Gekürzter Mustersatz für handelsübliches Material

									•										•										•			
	S	S				S	S				S	S				S	S				S	S				S	S					
		S	S				S	S				S	S				S	S				S	S				S	S				
			S	S				S	S				S	S				S	S				S	S				S	S			
				S	S				S	S				S	S				S	S				S	S				S	S		
	O	O	O	O	O	O	O	O	O	O	O	O	O	O	O	O	O	O	O	O	O	O	O	O	O	O	O	O	O	O	O	
	O	O	O	O	O	O	O	O	O	O	O	O	O	O	O	O	O	O	O	O	O	O	O	O	O	O	O	O	O	O	O	
				S	S				S	S				S	S				S	S				S	S				S	S		
			S	S				S	S				S	S				S	S				S	S				S	S			
		S	S				S	S				S	S				S	S				S	S				S	S				
	S	S				S	S				S	S				S	S				S	S				S	S					
									•										•										•			

Material:
schwarzes Wollgarn (Angaben in Klammern für sehr dünnes Garn)
Nadelspiel Stärke 1,75 oder 2
Perlen in zwei Farben

Anleitung:
- 60 (80) Maschen anschlagen.
- Das Bündchen 6 cm hoch 2 rechts / 2 links stricken.
- Für die Hand 1 links / 1 rechts verschränkt arbeiten.
- Nach wenigen Runden im Muster mit dem Daumenspickel beginnen. Dafür in jeder 3. Runde zwei Maschen aufnehmen.
- Nach achtmal Aufnehmen 20 Maschen für den Daumen auf einer Sicherheitsnadel ablegen. In der nächsten Runde an deren Stelle 10 Maschen neu anschlagen und die Runde wieder schließen.

– Ab dem Daumenloch mittig über dem Handrücken 33 (45) Maschen rechts verschränkt stricken, Nach zwei Runden dort das Perlenmuster einfügen. In der Handinnenfläche geht es indessen wie gehabt 1 links / 1 rechts verschränkt weiter.
– Nach dem Perlenmuster über dem Handrücken erneut zwei Reihen rechts verschränkt arbeiten.
– Die Oberkante mit Mausezähnchen abschließen (Anleitung S. 20).
– Den Daumen 1 links / 1 rechts verschränkt stricken und ebenfalls mit Mausezähnchen beenden.
– Beim zweiten Staucher das Perlenmuster gegengleich einfügen!

Büchlberg

Frauen im Raum Passau und in Österreich vervollständigen ihre Goldhauben-Tracht heute unter anderem mit weißen Halbhandschuhen. Auf die Anfertigung der Schmuckstücke mit ihren aufwendigen Lochmustern versteht sich Maria Geiß aus Büchelberg-Mitterbrüns t. An einem Handschuh arbeitet sie etwa 11½ Stunden. Von ihr stammt die vorliegende Anleitung. Passende Lochmuster dazu kann man gängigen Strickbüchern entnehmen. Ein Klassiker ist z. B. „Bäuerliches Stricken – Alte Muster aus dem alpenländischen Raum“ von Lisl Fanderl. Wir haben in unser Buch nur wenige aufgenommen (s. S. 99–100), allerdings genau diejenigen, die uns bei den alten Stücken sehr oft be gegnet sind.

<u>Material:</u>
Baumwollgarn der Stärke 20, 30 oder 40
Nadelspiel je nach Garnstärke 1,25–1,5

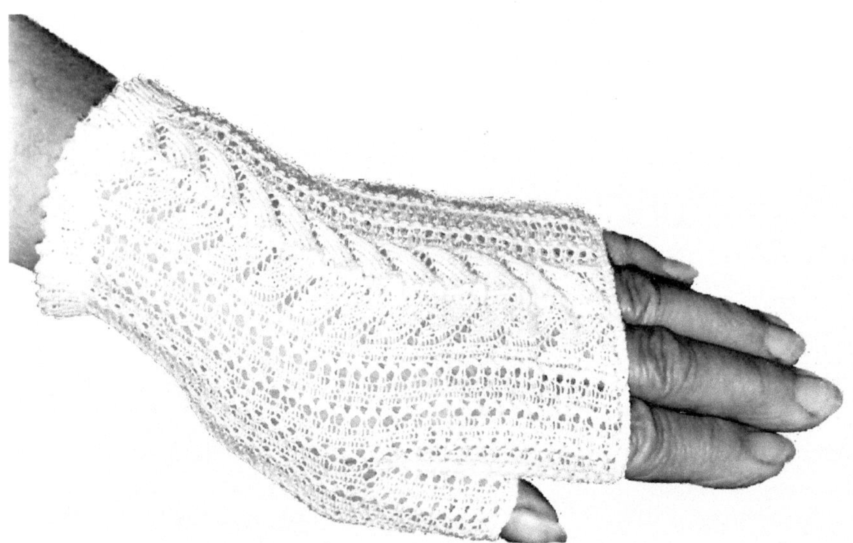

Handschuhe aus Baumwolle, gestrickt von Maria Geiß aus Mitterbrünst 2009

Anleitung:

- Je nach Garnstärke 70 (78) Maschen anschlagen, auf drei Nadeln verteilen und zur Runde schließen.
- Mausezähnchen arbeiten mit acht bis zehn Runden glatt rechts bis zum Umschlag. Zum Abschluss der Mausezähnchen die Anschlagmaschen mit einer Hilfsnadel auffassen und mit den regulären Maschen zusammen stricken. Damit ist der untere Rand sehr stabil.
- Nun beginnt ein Lochmuster, das bis zur Oberkante hin beibehalten wird. Man kombiniert hierzu zwei Muster: eines das sich jeweils nach vier Maschen wiederholt für die Fläche des Handschuhs und eines als Blickfang für den Handrücken, das 18 Maschen breit ist. Nach 6 cm mit dem Zunehmen für den Daumen beginnen. An einer Stelle vier Maschen zunehmen. Dasselbe nach 3 cm wiederholen. In Höhe des Daumenloches 16 (18) Maschen auf einer Sicherheitsnadel ablegen. An deren Stelle 12 (14) Maschen neu aufstricken.

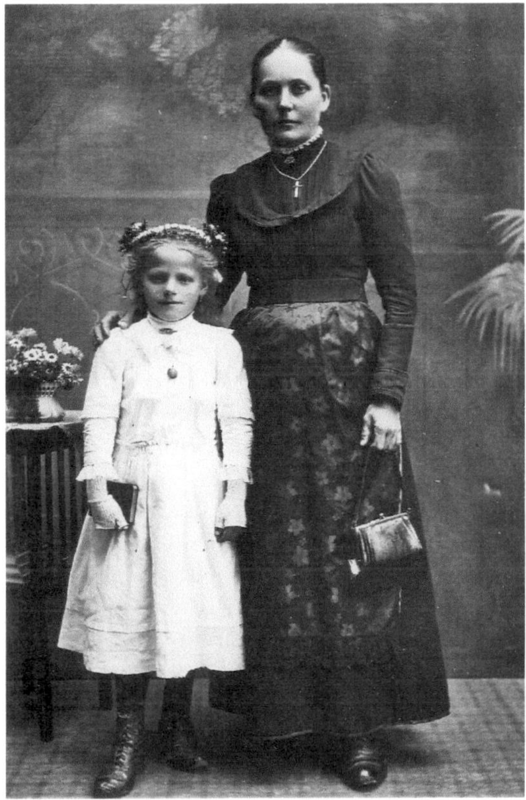

Maria Lorenz im Kommunionkleid, um 1910

- Hat der Staucher die gewünschte Länge erreicht, abketten und die Oberkante mit festen Maschen umhäkeln. Dann die Maschen von der Sicherheitsadel abstricken, weitere auffassen und damit einen Daumen anfangen, der das kleine Lochmuster weiterführt. In der gewünschten Länge abketten und umhäkeln.

Bilder im Familienalbum von Maria Geiß zeugen davon, dass die weißen Halbhandschuhe im ersten Jahrzehnt des 20. Jahrhunderts bei Mädchen und Frauen vom Passauer Raum bis in den Bayerischen Wald hinein zur Fest- und Sonntagskleidung gehörten. Dasselbe ist auch auf historischen Fotografien aus anderen Gegenden überliefert. Die von Hand gestrickten oder gehäkelten Stücke waren die modische Alternative zu Fingerhandschuhen aus feinem Leder oder maschinell hergestellter Wirkware. Eines der Fotos aus dem Familienalbum zeigt Maria Lorenz anlässlich ihrer Erstkommunion gegen 1910 mit gestrickten Halbhandschuhen (siehe oben). Solche Handschuhe fehlen auch nicht auf späteren Bildern, die sie als junge Frau zeigen. Maria Geiß hält auch ein Paar gehäkelter weißer Staucher mit halbem Daumen aus Familienbesitz in Ehren. Es ist durchgehend aus reihenweise versetzten Gruppen von drei Stäbchen und Luftmaschen gearbeitet. Die Oberkante schließt mit einer Reihe fester Maschen.

Büchold

Die Staucher stammen aus Büchold, das zwischen Schweinfurt und Karlstadt liegt. Ein Lochmuster mit flächig eingestrickten Perlen ist hier mit einfachen Perlenbordüren kombiniert.

Material:
cremefarbenes Baumwollgarn
Nadelspiel Stärke 1,25 oder 1,5
Perlen in Rot, Grün, Blau, Gold

Anleitung:
- Perlen nach der Vorlage auffädeln.
- 88 Maschen anschlagen.
- Bündchen mit 40 Runden 2 rechts/2 links stricken.
- Zur Hand die ersten drei Runden rechte Maschen stricken, dann eine Runde lang immer je 2 Maschen rechts zusammen stricken, 1 Umschlag.
- Eine Runde rechts.
- Die Perlen nach dem Muster einarbeiten. In der 5., 8., 11. Runde usw. erneut je 2 Maschen rechts zusammen stricken, 1 Umschlag.
- Als Abschluss Mausezähnchen anfügen.
- Für den Daumen Perlen zu einem schmalen Randmuster auffädeln.

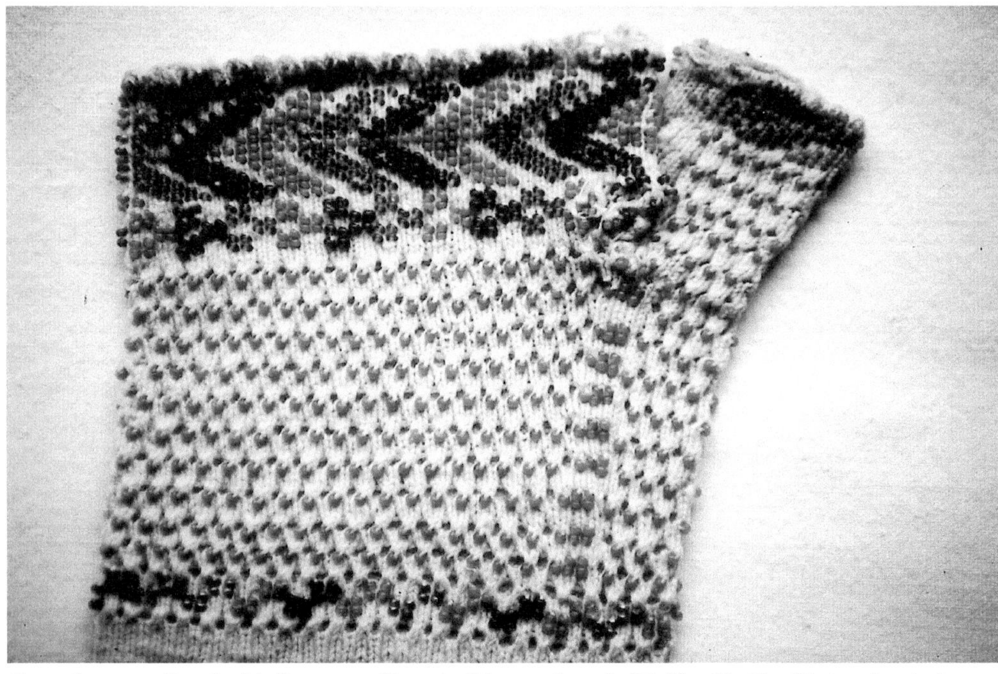

Staucher aus Büchold, Baumwolle mit Glasperlen, 2. Hälfte 19. Jh. (Privatbesitz)

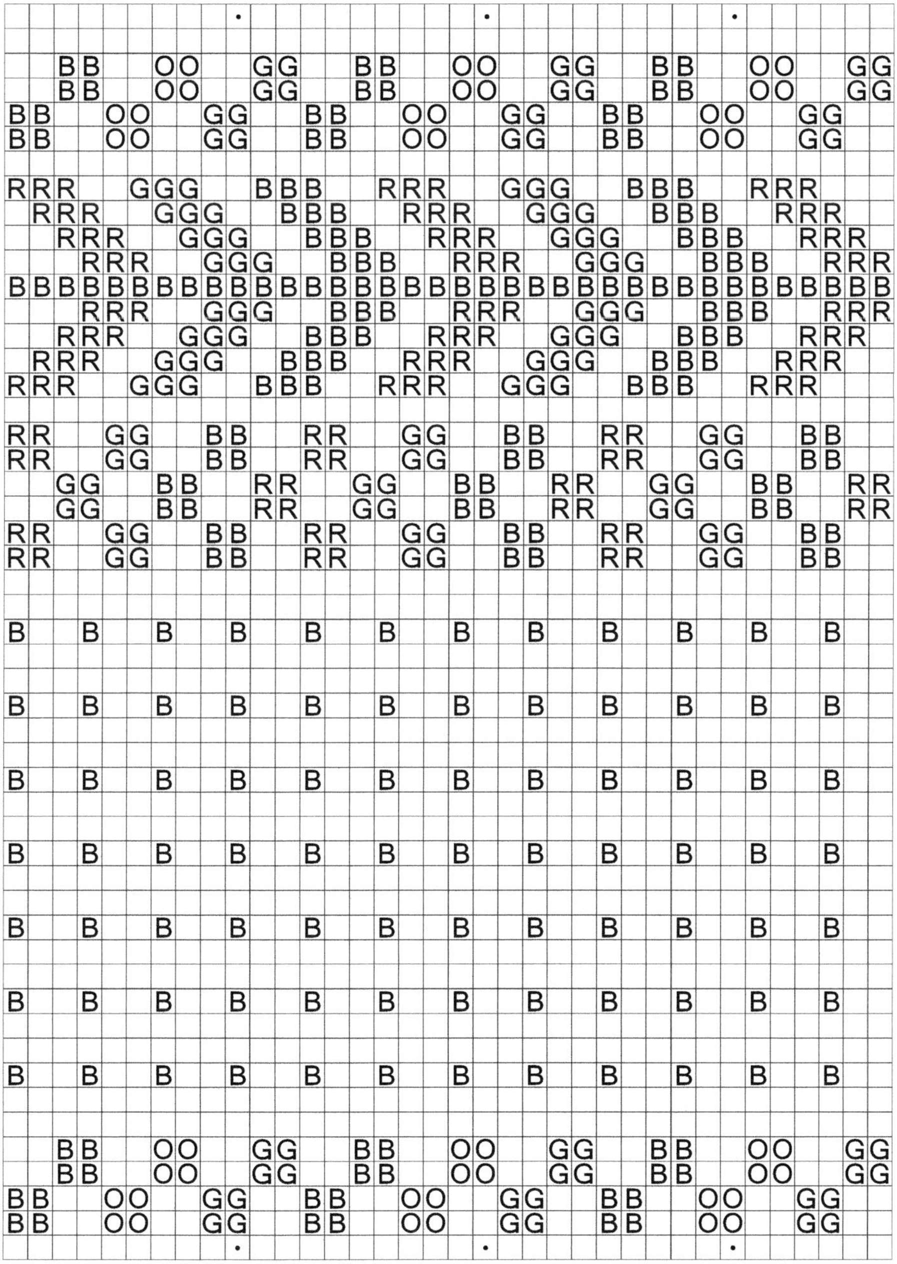

									•										•										•						
		B	B			O	O			G	G			B	B			O	O			G	G			B	B			O	O			G	G
		B	B			O	O			G	G			B	B			O	O			G	G			B	B			O	O			G	G
B	B			O	O			G	G			B	B			O	O			G	G			B	B			O	O			G	G		
B	B			O	O			G	G			B	B			O	O			G	G			B	B			O	O			G	G		
R	R	R			G	G	G			B	B	B			R	R	R			G	G	G			B	B	B			R	R	R			
	R	R	R			G	G	G			B	B	B			R	R	R			G	G	G			B	B	B			R	R	R		
		R	R	R			G	G	G			B	B	B			R	R	R			G	G	G			B	B	B			R	R	R	
			R	R	R			G	G	G			B	B	B			R	R	R			G	G	G			B	B	B			R	R	R
B	B	B	B	B	B	B	B	B	B	B	B	B	B	B	B	B	B	B	B	B	B	B	B	B	B	B	B	B	B	B	B	B	B	B	B
			R	R	R			G	G	G			B	B	B			R	R	R			G	G	G			B	B	B			R	R	R
		R	R	R			G	G	G			B	B	B			R	R	R			G	G	G			B	B	B			R	R	R	
	R	R	R			G	G	G			B	B	B			R	R	R			G	G	G			B	B	B			R	R	R		
R	R	R			G	G	G			B	B	B			R	R	R			G	G	G			B	B	B			R	R	R			
R	R			G	G			B	B			R	R			G	G			B	B			R	R			G	G			B	B		
R	R			G	G			B	B			R	R			G	G			B	B			R	R			G	G			B	B		
		G	G			B	B			R	R			G	G			B	B			R	R			G	G			B	B			R	R
		G	G			B	B			R	R			G	G			B	B			R	R			G	G			B	B			R	R
R	R			G	G			B	B			R	R			G	G			B	B			R	R			G	G			B	B		
R	R			G	G			B	B			R	R			G	G			B	B			R	R			G	G			B	B		
B			B			B			B			B			B			B			B			B			B			B			B		
B			B			B			B			B			B			B			B			B			B			B			B		
B			B			B			B			B			B			B			B			B			B			B			B		
B			B			B			B			B			B			B			B			B			B			B			B		
B			B			B			B			B			B			B			B			B			B			B			B		
B			B			B			B			B			B			B			B			B			B			B			B		
B			B			B			B			B			B			B			B			B			B			B			B		
		B	B			O	O			G	G			B	B			O	O			G	G			B	B			O	O			G	G
		B	B			O	O			G	G			B	B			O	O			G	G			B	B			O	O			G	G
B	B			O	O			G	G			B	B			O	O			G	G			B	B			O	O			G	G		
B	B			O	O			G	G			B	B			O	O			G	G			B	B			O	O			G	G		
									•										•										•						

Greßthal

Die beschriebenen Staucher stammen aus Greßthal, einem Dorf zwischen Schweinfurt und Hammelburg, und waren mit dünner Baumwolle gestrickt. Wir haben sie ebenso nachgearbeitet, allerdings andersfarbige Perlen verwendet (S. 123). Man kann auch Wolle nehmen, nur die obere Perlenbordüre einarbeiten und für den Handrücken ein einfaches Lochmuster nehmen.

Material:
cremefarbenes Baumwollgarn
Nadelspiel Stärke 1,25 oder 1,5
Perlen in Grün, Gelb, Blau, Weiß, Gold

Anleitung:
- Perlen nach Vorlage auffädeln. Dabei die genaue Anzahl Perlen für das Monogramm der Trägerin einfügen.
- 88 Maschen anschlagen.
- Bündchen mit 40 Runden zwei rechts/zwei links stricken. Für die Hand die erste Runde rechts stricken. In der zweiten Runde das Lochmuster beginnen.
- 2 Runden rechts, danach die Perlen einarbeiten.
- Als Abschluss Mausezähnchen anfügen.
- Für den Daumen einen kleinen Musterrand ausdenken!

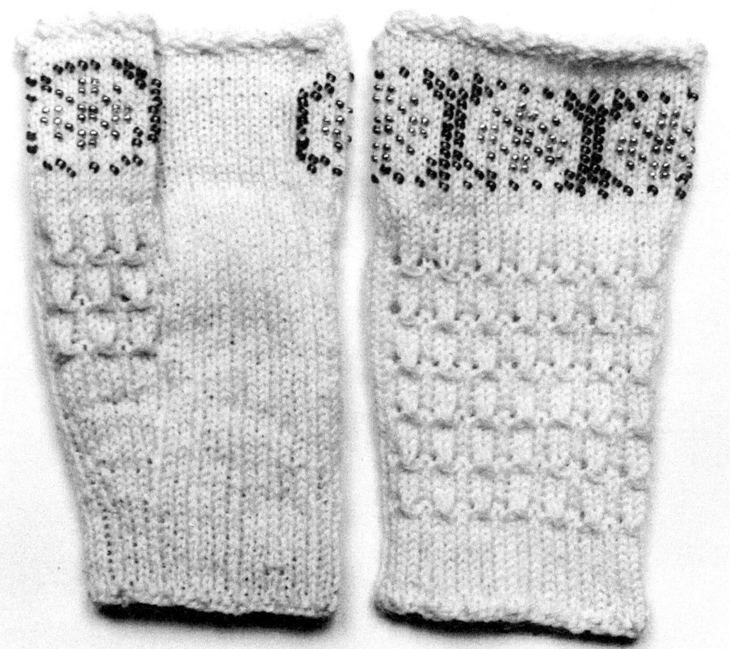

Wollstaucher, gestrickt von Helga Ständecke 2003

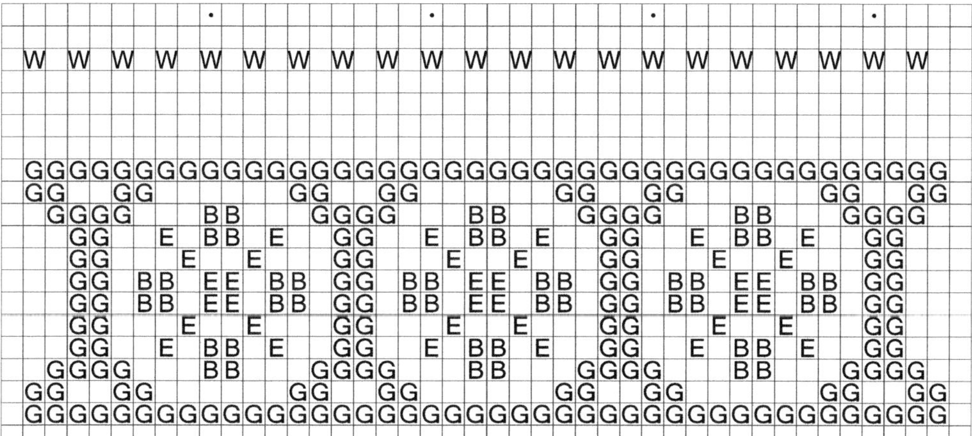

Hier ein Monogramm einfügen! Buchstaben dazu finden Sie auf Seite 98

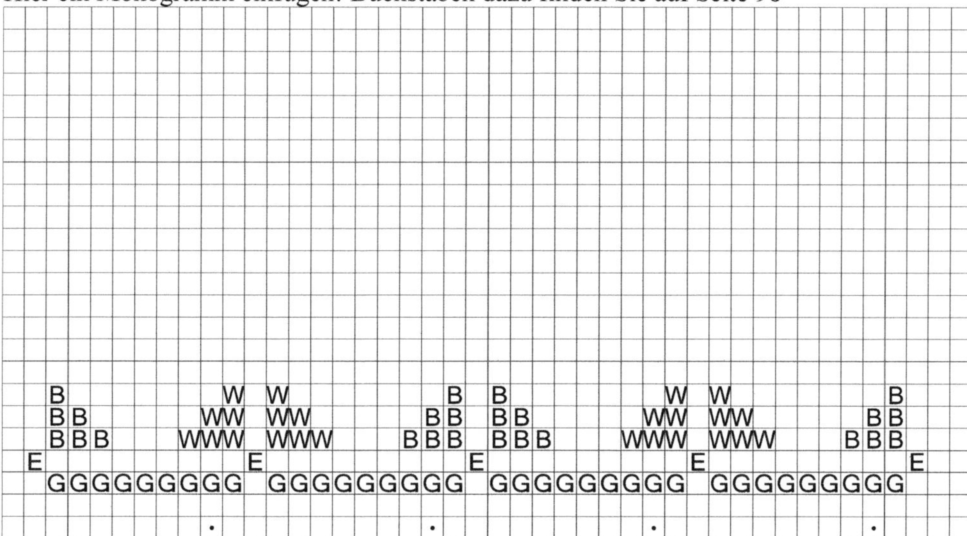

Lochmuster für Wollstaucher

~	x	~	l
r	r	r	l
r	r	r	l
r	r	r	l

r	r	r	r	r	r	r	r
r	r	~	r	~	r	r	x
r	r	r	r	r	r	r	r
z	r	~	r	~	r	s	r
r	r	r	r	r	r	r	r
r	z	~	r	~	s	r	r
r	r	r	r	r	r	r	r
~	r	r	x	r	r	~	r
r	r	r	r	r	r	r	r
~	r	s	r	z	r	~	r
r	r	r	r	r	r	r	r
~	s	r	r	r	z	~	r

Lochmuster für Staucher aus Baumwolle

Hoyerswerda III

Die Vorbilder dieser Pulswärmer (S. 118) waren flach gestrickt und aus schwarzer Wolle mit weißen Perlen angefertigt. Wir haben hier jedoch eine Anleitung für die Strickweise mit Nadelspiel erstellt. Mit den glatten rechten Maschen als Hintergrund wirkt das einfache Muster eleganter. Zudem eignet es sich mit der etwas „elastischeren“ Strickweise nicht nur für kurze Pulswärmer, sondern auch für lange Stulpen sehr gut.

Material:
dünnes Wollgarn
Nadelspiel der Stärke 2–2,5
Glasperlen einer Farbe (Ø 2,2–2,4 mm), ca. 20–25 g

Anleitung:
- Für Pulswärmer ca. 530 Perlen auffädeln. Das reicht für sechs Mustersätze, mit denen die Stücke etwa 10 cm lang werden.
- 65 Maschen anschlagen.
- Vier Runden im Grundmuster stricken: vier rechts, zwei links, vier rechts, drei links. Dieses Grundmuster wird beibehalten.
- In der fünften Runde rund um mit dem Einstricken der Perlen beginnen.
- Hat der Stulpen die gewünschte Länge erreicht, noch vier Runden im Grundmuster stricken und dann abketten.
- Die Oberkante mit gehäkelten Bögen aus je einer festen Masche und drei Luftmaschen abschließen. In die mittlere Luftmasche und in die feste Masche dabei jeweils eine Perle einschieben.
  Tipp: Sollten die Perlen nach dem Einhäkeln nicht auf der Außenseite der Pulswärmer erscheinen, kann man das Gestrickte vor dem Häkeln wenden. Während dem Häkeln liegt so die Innenseite der Pulswärmer außen.

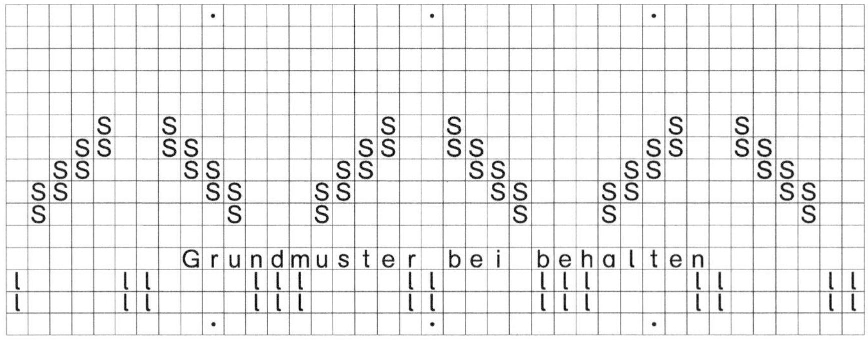

Ippertshausen

Ippertshausen liegt im Aichacher Land. Dort gibt es eine Trachtenform mit kurzärmeligem Oberteil, ein „Kurzärmelgewand“. Dazu gehören Stutzen, die den ganzen Unterarm bedecken. In Ippertshausen werden aus dem Besitz einer Trachtenfrau wärmende Ärmel aus Wolle im Halbpatent-Strickmuster aufbewahrt, aber auch lange, netzartig durchbrochene aus feiner schwarzer Baumwolle, die am Handgelenk mit einem blauen Bändchen versehen sind.

Hier ist das Halbpatent der Wollstulpen aufgezeichnet. Dieselbe Strickweise empfehlen Handarbeitsbücher für die Herstellung haltbarer Sockenfersen. Die Ippertshausener Wollstulpen sind aus grauem Garn gestrickt. Sie haben einen Durchzug mit einer Kordel samt kleiner Pompons am Handgelenk und gehäkelte Bögen an der Oberkante, beides aus fliederfarbener Wolle.

Material:
Wollgarn in zwei Farben, 130 m Laufweite / 50 g
Nadelspiel und Häkelnadel der Stärke 3,5

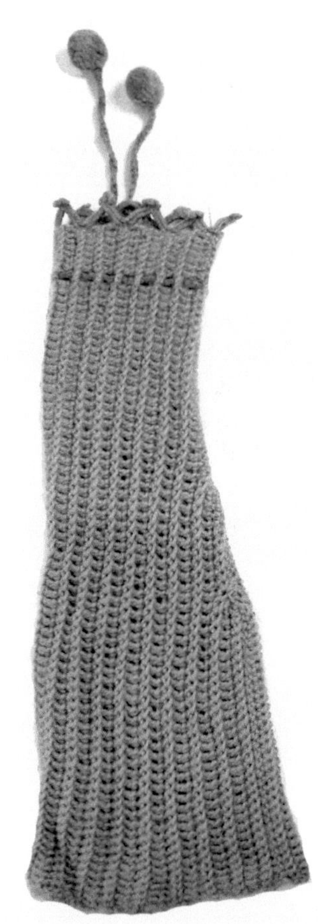

Armstutzen aus Ippertshausen, Wolle und Baumwolle, Mitte 20. Jh. (Privatbesitz)

Anleitung:
- 48 Maschen anschlagen. Diese Maschenzahl passt bei einer kurz vor dem Ellenbogen gemessenen Unterarmweite von 27 cm und einer Handgelenkweite von 17 cm. Für stärkere Arme entsprechend mehr Maschen anschlagen. Die Gesamtzahl soll durch 2 teilbar sein. Das Gestrickte ist dehnbar und muss eng anliegen, damit die Stulpen nicht rutschen.
- Zwei Runden eine Masche rechts verschränkt / eine links stricken.
- Dann stets im Wechsel:
  1. Runde: eine rechts verschränkt/eine links.
  2. Runde: eine rechts verschränkt, Faden vor die Nadel legen, die linke Masche der Vorrunde nur abheben.
- Nach 40 Runden zwei Maschen abnehmen, nach 30 Runden zwei weitere. Bis zum Handgelenk wird dann mit 44 Maschen gestrickt.
- Abketten, wenn die passende Länge erreicht ist.
- Mit einem anderen Garn Häkelbögen an die Oberkante anfügen. Die Bögen bestehen in der ersten Runde jeweils aus sechs Luftmaschen und einer festen Masche. Die feste Masche ist in jede dritte Randmasche eingestochen. In der zweiten Runde auf jeden Bogen drei feste Maschen, zwei Pikots und wieder drei feste Maschen häkeln.

– Aus den Garnen beider Farben eine etwa 45 cm lange Kordel häkeln oder drehen. Die Kordel 4 cm vor der Oberkante in das Gestrickte einziehen. Pompons herstellen und an die Enden der Kordel nähen.

Krumbach

Im Archiv der Trachtenkulturberatung des Bezirks Schwaben befindet sich ein Paar weißer Stulpen, das aus dem Rixner-Haus in Krumbach stammt (S. 117). Es hat ein Lochmuster mit kräftigen Längsrippen und eine Häkelspitze an der Oberkante.

Material:
weißes Baumwollgarn
Nadelspiel und Hilfsnadel der Stärke 1,5–2
Häkelnadel

Anleitung:
– Viermal 14 Maschen anschlagen (Anzahl muss durch 4 teilbar sein).
– Zwei Runden 3 links / 1 rechts stricken. Dann für das Lochmuster stets im Wechsel:
  1. Runde: 3 links, 1 rechts.
  2. Runde: 2 links, ein Umschlag, 2 rechts zusammen stricken.
– An die Oberkante eine Häkelspitze nach eigener Wahl anfügen.

Maria-Luise Negele aus Krumbach hat eine weitere Variante erarbeitet und uns diese Anleitung zur Verfügung gestellt:

– Auf vier Nadeln jeweils 15–20 Maschen anschlagen (Anzahl muss durch 5 teilbar sein).
– Mausezähnchen mit fünf Runden vor und nach dem Umschlag stricken (Anleitung S. 20).
– Das Muster fängt an mit zwei Runden 3 rechts / 2 links. Dann stets im Wechsel:
  1. Runde: 3 rechts / 2 links.
  2. Runde: die erste Masche ungestrickt auf eine Hilfsnadel vor das Strickzeug legen, einen Umschlag, 2 rechts zusammen stricken. Nun die abgelegte Masche rechts stricken, 2 links usw.

Ochsenfurt VII

Die beiden folgenden Muster stammen aus der Sammlung Düchs in Eichelsee im Ochsenfurter Gau. Hier haben wir ein Paar verhältnismäßig einfacher schwarzer Pulswärmer mit weißen Perlen und einer farblich stark kontrastierenden Häkelrüsche vor uns, wie wir sie bereits aus Sonderhofen kennen (S. 46). Das Perlenmuster läuft rundum. Jeder Stulpen ist mit einem Monogramm versehen (S. 116).

Material:
Wollgarn in Schwarz, Rot und Grün
Nadelspiel der Stärke 2
weiße Glasperlen

Anleitung:

- Perlen auffädeln und 64 Maschen anschlagen.
- 38 Runden zwei rechts / zwei links stricken.
- Dann geht es glatt rechts weiter. In der ersten Runde gleichmäßig verteilt acht Maschen abnehmen. In der dritten mit dem Perlenmuster beginnen.
- Drei Runden nach dem Muster abketten.
- An die Oberkante kommt eine rote Häkelrüsche, die mit einer Reihe grüner Perlenpikots abschließt (Anleitung S. 21).

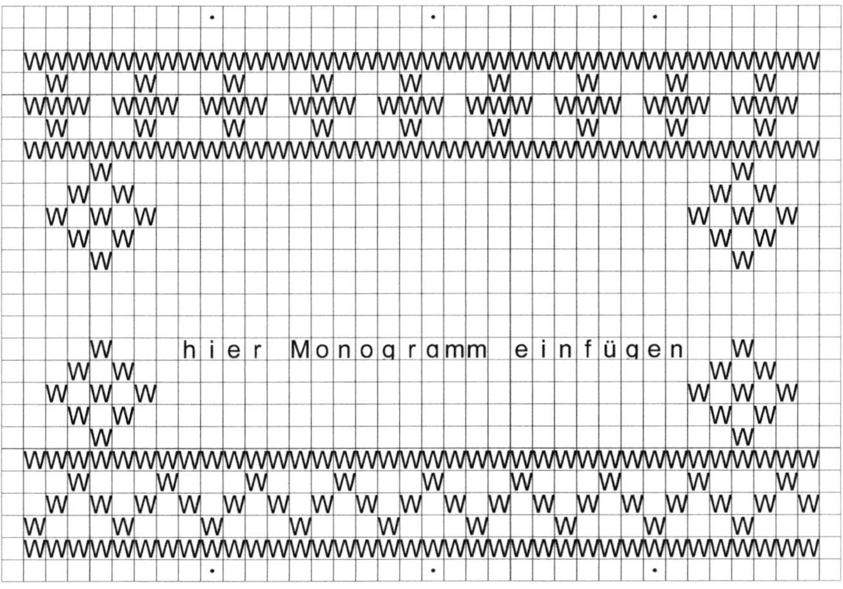

Ochsenfurt VIII

Dieser Mustersatz wird hier als ein Beispiel für die Vielzahl üppig geschmückter Staucher des Ochsenfurter Gaues wiedergegeben. Die historischen Originale sind aus weißem Baumwollgarn gefertigt. Statt mit einem Bündchen beginnen sie mit einem Lochmuster. Nach zwei Reihen linker Maschen setzt das Perlenmuster ein. Seitlich der Perlenpartien an Handrücken und Daumen sind ebenfalls schmale Streifen im Lochmuster eingearbeitet. Wir haben einige Staucher dieser Art abgebildet (S. 124). Einen Versuch, solche Prachtstücke originalgetreu nachzustricken, haben wir nie unternommen. Ihre Anfertigung erfordert sehr dünnes Garn und sehr kleine Perlen. Dennoch boten uns die schönen Stücke Anregung für eigene Kreationen, die einzelne Motive aufgreifen.

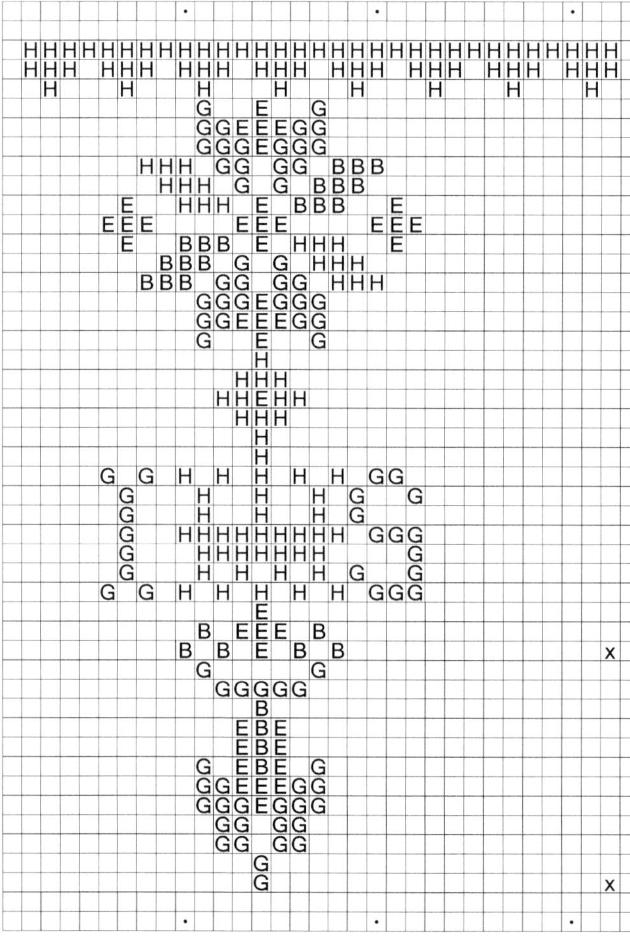

Die Perlen für das Daumenmuster zwischen den mit x gekennzeichneten Reihen müssen ab der 13. Reihe des Handmusters mit aufgefädelt werden. Alle weiteren Perlen am Daumen werden erst beim Daumenstricken benötigt.

									•										•										•										•									
				B				B				B				B				B				B				B				B				B				B				B				
			B	B	B		B	B	B		B	B	B		B	B	B		B	B	B		B	B	B		B	B	B		B	B	B		B	B	B		B	B	B		B	B	B			
B	B	B	B	B	B	B	B	B	B	B	B	B	B	B	B	B	B	B	B	B	B	B	B	B	B	B	B	B	B	B	B	B	B	B	B	B	B	B	B	B	B	B	B	B	B	B	B	B
H	H	H	H	H	H	H	H	H	H	H	H	H	H	H	H	H	H	H	H	H	H	H	H	H	H	H	H	H	H	H	H	H	H	H	H	H	H	H	H	H	H	H	H	H	H	H	H	H
				H	H				G	G			G				H	H				G	G			G				H	H				G	G			G				H	H				
			H	H	H	H			G	G		G	G			H	H	H	H			G	G		G	G			H	H	H	H			G	G		G	G			H	H	H	H			
		H	H	O	O	H	H		G	G	B	G	G		H	H	E	E	H	H		G	G	B	G	G		H	H	E	E	H	H		G	G	B	G	G		H	H	E	E	H	H		
		H	H	O	O	H	H		G	B	B	G			H	H	E	E	H	H		G	B	B	G			H	H	E	E	H	H		G	B	B	G			H	H	E	E	H	H		
		H	H	O	O	H	H	G	B	B	B	B			H	H	E	E	H	H	G	B	B	B	B			H	H	E	E	H	H	G	B	B	B	B			H	H	E	E	H	H		
		H	H	O	O	H	H	B	B	O	O	B	B	G	H	H	E	E	H	H	B	B	O	O	B	B	G	H	H	E	E	H	H	B	B	O	O	B	B	G	H	H	E	E	H	H		
			H	H	H	H		B	B	O	O	B	B			H	H	H	H		B	B	O	O	B	B			H	H	H	H		B	B	O	O	B	B			H	H	H	H			
			G	H	H	G		B	B	O	O	B	B			G	H	H	G		B	B	O	O	B	B			G	H	H	G		B	B	O	O	B	B			G	H	H	G			
		G	G	H	G	G			B	B	B	B			G	G	H	G	G			B	B	B	B			G	G	H	G	G			B	B	B	B			G	G	H	G	G			
		G	G		G	G				B	B				G	G		G	G				B	B				G	G		G	G				B	B				G	G		G	G			
H	H	H	H	H	H	H	H	H	H	H	H	H	H	H	H	H	H	H	H	H	H	H	H	H	H	H	H	H	H	H	H	H	H	H	H	H	H	H	H	H	H	H	H	H	H	H	H	H
B	B	B	B	B	B	B	B	B	B	B	B	B	B	B	B	B	B	B	B	B	B	B	B	B	B	B	B	B	B	B	B	B	B	B	B	B	B	B	B	B	B	B	B	B	B	B	B	B
			B	B	B		B	B	B		B	B	B		B	B	B		B	B	B		B	B	B		B	B	B		B	B	B		B	B	B		B	B	B		B	B	B			
				B				B				B				B				B				B				B				B				B				B				B				
		B				B	B																																		B	B				B	B	
B	B	B	B	E	B	B	B	B											G	G	G	G		G	G	G	G													B	B	B	B	B	B	B	B	B
		B	E	E	E	B	B													G	G	G	G		G	G	G	G													B	B	E	E	E	B	B	
		B	E	E	E	B	B							B	B	B	B				G	G	G	G		G	G	G	G		B	B	B	B							B	B	E	E	E	B	B	
		B	E	E	E	B	B						B	B	B	B	B	B	E	E	E			E	E		E	E	E	B	B	B	B	B	B						B	B	E	E	E	B	B	
B	B	B	B	B	B	B	B	B					B	B	O	O	B	B			G	G	G	G		G	G	G	G	B	B	O	O	B	B					B	B	B	B	B	B	B	B	B
		B		B		B	B					G	B	B	O	O	B	B		G	G	G	G		G	G	G	G		B	B	O	O	B	B	G					B	B		B		B	B	
				B							G	G	B	B	B	B	B	B	G	G	G	G		G	G	G	G			B	B	B	B	B	B	G	G							B				
											G	G	G	B	B	B	B				B			O			B				B	B	B	B	G	G	G											
										G	G	G	G	G	G	G					B	B	O	O	O	B	B					G	G	G	G	G	G	G										
		G				G	G		G	G	G	G	G	G	G	G	G				B	B	B	O	B	B	B				G	G	G	G	G	G	G	G	G		G	G				G	G	
G	G	G	G	E	G	G	G	G		G	G	G	G	G	G	G		H	H	H		B	B		B	B		G	G	G		G	G	G	G	G	G	G		G	G	G	G	E	G	G	G	G
		G	E	E	E	G	G				H	H	H	H	G				H	H	H		B		B		G	G	G				G	H	H	H	H				G	G	E	E	E	G	G	
		G	E	E	E	G	G			H	H	H	H	H	H			E		H	H	H		E		G	G	G		E			H	H	H	H	H	H			G	G	E	E	E	G	G	
		G	E	E	E	G	G			H	H	E	E	H	H		E	E	E				E	E	E				E	E	E		H	H	E	E	H	H			G	G	E	E	E	G	G	
G	G	G	G	G	G	G	G	G		H	H	E	E	H	H			E		G	G	G		E		H	H	H		E		_	H	H	E	E	H	H		G	G	G	G	G	G	G	G	G
		G		G		G	G			H	H	H	H	H	H				G	G	G		B		B		H	H	H				H	H	H	H	H	H			G	G		G		G	G	
				G							H	H	H	H	G			G	G	G		B	B		B	B		H	H	H			G	H	H	H	H							G				
										G	G	G	G	G	G	G					B	B	B	O	B	B	B					G	G	G	G	G	G	G										
									G	G	G	G	G	G	G	G	G				B	B	O	O	O	B	B				G	G	G	G	G	G	G	G	G									
		H				H	H			G	G	G	G	G	G	G					B			O			B					G	G	G	G	G	G	G			H	H				H	H	
H	H	H	H	E	H	H	H	H			G	G	G	B	B	B	B		G	G	G	G			G	G	G	G				B	B	B	B	G	G	G		H	H	H	H	E	H	H	H	H
		H	E	E	E	H	H				G	G	B	B	B	B	B	B		G	G	G	G			G	G	G	G		B	B	B	B	B	B	G	G			H	H	E	E	E	H	H	
		H	E	E	E	H	H					G	B	B	O	O	B	B			G	G	G	G			G	G	G	G	B	B	O	O	B	B	G				H	H	E	E	E	H	H	
	H	H	E	E	E	H	H						B	B	O	O	B	B	E	E	E			E	E			E	E	E	B	B	O	O	B	B					H	H	E	E	E	H	H	
H	H	H	H	E	H	H	H	H					B	B	B	B	B	B		G	G	G	G			G	G	G	G		B	B	B	B	B	B				H	H	H	H	E	H	H	H	H
		H		H		H	H							B	B	B	B		G	G	G	G			G	G	G	G				B	B	B	B						H	H		H		H	H	
				H														G	G	G	G			G	G	G	G																	H				
			B	B					B	B					B	B					B	B					B	B					B	B					B	B					B	B		
			B	B	B				B	B	B				B	B	B				B	B	B				B	B	B				B	B	B				B	B	B				B	B	B	
				B	B					B	B					B	B					B	B					B	B					B	B					B	B					B	B	
G	G	G			B	G	G	G			B	G	G	G			B	G	G	G			B	G	G	G			B	G	G	G			B	G	G	G			B	G	G	G			B	
G	E	E	G	G	B	G	E	E	G	G	B	G	E	E	G	G	B	G	E	E	G	G	B	G	E	E	G	G	B	G	E	E	G	G	B	G	E	E	G	G	B	G	E	E	G	G	B	
		G	G	B			G	G	G	B			G	G	G	B			G	G	G	B			G	G	G	B			G	G	G	B			G	G	G	B			G	G	G	B		
			B	B					B	B					B	B					B	B					B	B					B	B					B	B					B	B		
		B	B	B				B	B	B				B	B	B				B	B	B				B	B	B				B	B	B				B	B	B				B	B	B		
			B	B					B	B					B	B					B	B					B	B					B	B					B	B					B	B		
									•										•										•										•									

Spalt III

Im Original ist dieses Muster aus naturfarbig weißer Wolle mit hellblauen Perlen in flacher Strickweise gearbeitet. Perlenmuster und Häkelrand sind um Handrücken und Handinnenseite herumgeführt. Wir haben mit dieser Anregung rund gestrickte Staucher aus blauer Wolle angefertigt, dabei nur den Handrücken gemustert und einen Daumen angefügt.

Material:
Wollgarn
Nadelspiel 1,25 oder 1,5
Perlen einer Farbe

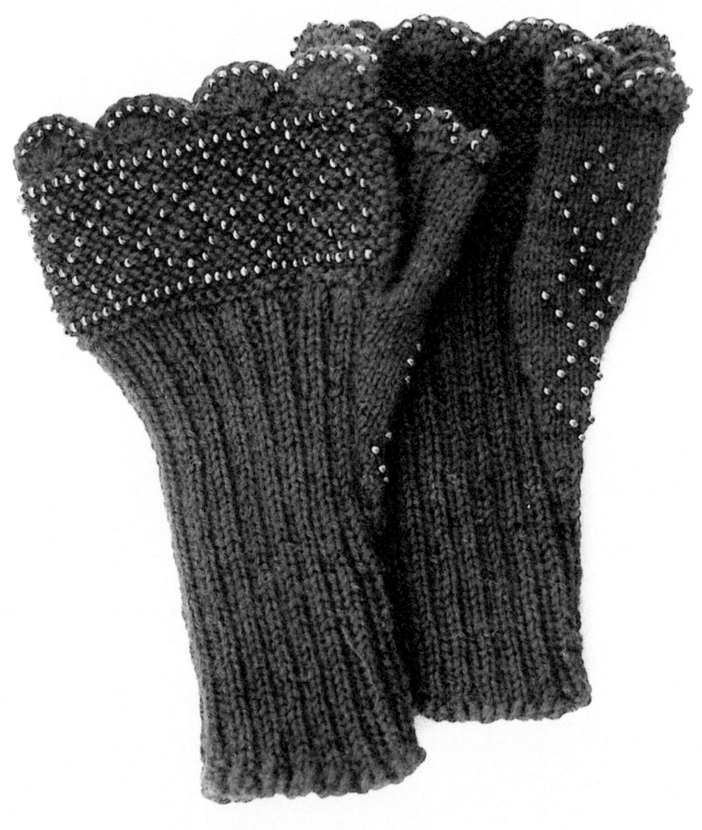

Staucher nach der Vorlage Spalt III, gestrickt von Helga Ständecke 2004

Anleitung:

- Ca. 140 Perlen pro Staucher auffädeln.
- 60 Maschen anschlagen.
- Bündchen in zwei rechts/zwei links stricken.
- In der 30. Runde mit dem Aufnehmen für den Daumenspickel beginnen: In der Mitte des Spickels liegen acht Maschen glatt rechts. Zu beiden Seiten davon nimmt man je eine Masche auf. Das wird dann in jeder dritten Tour wiederholt. Insgesamt neunmal. Dann folgen hier (je nach Handgröße) ca. zehn Runden ohne Aufnehmen. Danach 18 Maschen für das Daumenloch auf einer Sicherheitsnadel liegen lassen. In der nächsten Runde über den abgelegten Maschen 8–10 Maschen neu anschlagen.
- Über dem Handrücken währenddessen rau rechts weiterstricken und auf der zweiten Rippe das Perlenmuster beginnen. Die Handinnenfläche dagegen weiter im Bündchenmuster zwei rechts/zwei links arbeiten.
- Als Abschluss eine Häkelkante mit Bögen aus jeweils fünf Stäbchen und einer festen Masche anfügen. Dabei zwischen alle Stäbchen eine Perle schieben.
- Den Daumen ebenfalls mit Perlenrauten und Häkelkante verzieren. Die Maschenzahl beim Daumenstricken im Verlauf der ersten drei Runden auf 24 reduzieren. So haben genau vier Rauten rund um den Daumen Platz.

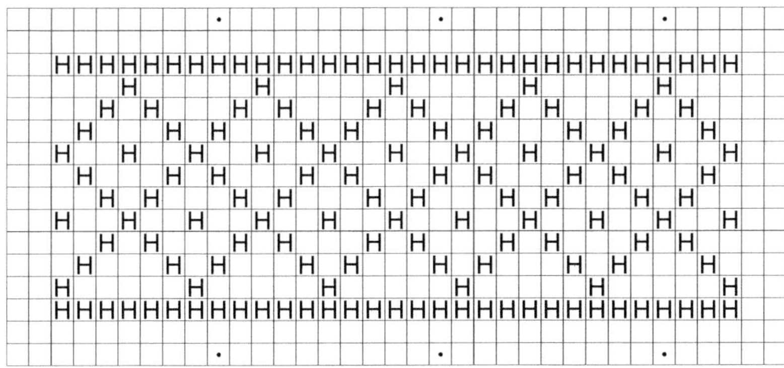

Schaumburg-Lippe

Das Museum für Europäische Volkstrachten in Wegberg-Beeck bewahrt mehrere Paare von Armstutzen auf, die in ihrer Herkunftsregion, dem ehemaligen Fürstentum Schaumburg-Lippe, „Handschen“ oder „Hanschen“ genannt werden. Sie reichen vom Ellbogen bis zum Handgelenk, sind maschinell gewirkt oder von Hand gearbeitet und haben Loch- oder Perlenmuster. Zwei Paare haben ein identisches Blumenmuster. Eines ist aus weißer Baumwolle gestrickt und mit schwarzen Glasperlen versehen. Das andere ist aus schwarzem Garn gearbeitet mit goldfarbigen Messingperlen und facettierten Stahlperlen in Grün, Schwarz und Rot. Nur die Bordüre zwischen den Blumen unterscheidet sich.

Bordüre der weißen Handschen

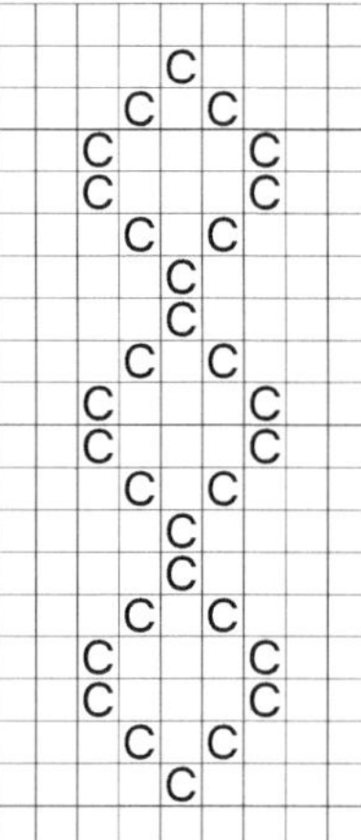

Oberkante der weißen Handschen

			R	R		R	R		R	R		R	R		R	R		
		R			R			R			R			R			R	
		R			R			R			R			R			R	
			R	R		R	R		R	R		R	R		R	R		

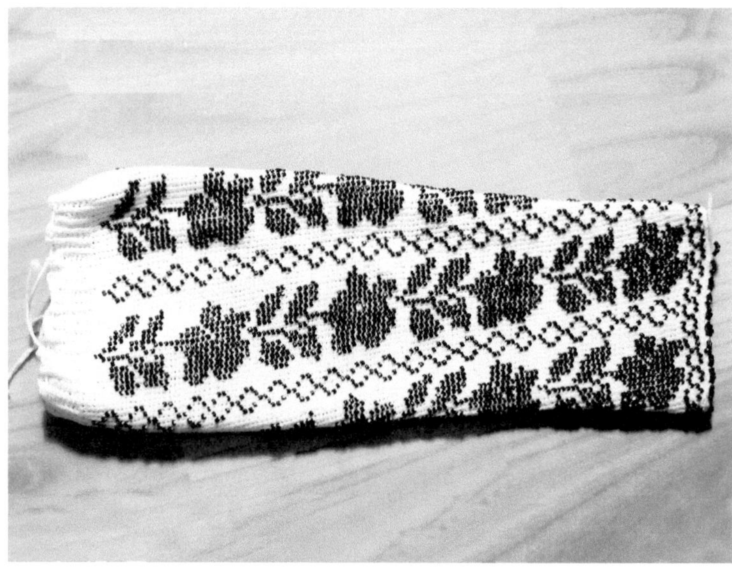

„Handschen“ aus Schaumburg-Lippe, Baumwolle mit Glasperlen, 1. Hälfte 20. Jh. (Slg. Europäischer Volkstrachten Wegberg-Beeck e.V.)

Wir haben keine Anleitung zu diesen Stücken erarbeitet, aber zumindest eine Beschreibung: Bei den weißen Handschen sind 96 Maschen angeschlagen. Das Bündchenmuster ist eine Masche links / eine rechts verschränkt. Ab der elften Runde ist der Grund durchgehend rechts verschränkt. Vier der aufgezeichneten Mustersätze liegen rund um die Armstutzen nebeneinander. Auch in der Länge wiederholt sich das Bl umenmotiv viermal. Sobald eine Blume abgeschlossen ist, beginnt der Stil der nächsten. Die Bordüren daneben laufen einfach weiter. Von den rechten Maschen ohne Perlen zu beiden Seiten der Bordüren sind bis zum Handgelenk hin je Mustersatz fünf abgenommen, drei auf der rechten und zwei auf der linken Seite der Blume. So sind die Handschen also am Handgelenk 20 Maschen enger als am Ellenbogen.

Blumenmotiv der schwarzen Handschen

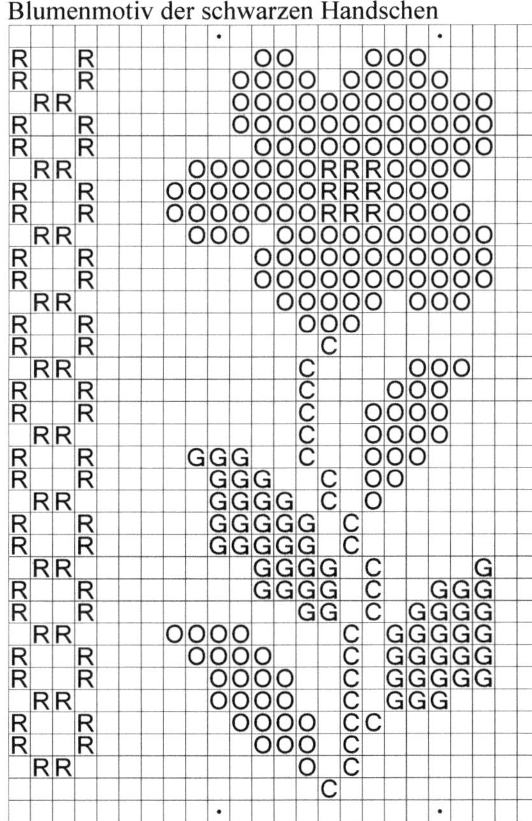

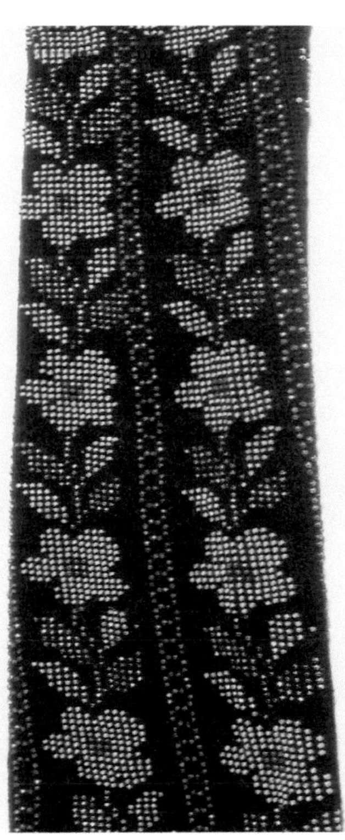

Handschen aus Schaumburg-Lippe, Baumwolle mit Metallperlen, 1. Hälfte 20. Jh. (Slg. Europäischer Volkstrachten Wegberg-Beeck e. v.)

Die wei ßen Handschen haben entlang der Oberkante eine Perlenbordüre. Die schwarzen schließen mit je einer Runde goldener, roter und wieder goldener Perlen ab. Außerdem sind beide Paare mit kleinen Bögen aus je drei Perlen verziert, die mit der Nähnadel gearbeitet wurden. Bei den schwarzen wurden dabei abwechselnd rote und goldene Perlen verwendet.

Vasbühl II

Wir haben auch ein Paar rund gestrickte Staucher mit dem Perlenmuster von Vasbühl I ausgestattet. Für den Handrücken kann man es mit einem schmalen Zopfmuster kombinieren (S. 122) oder einem einfachen Perlenmuster.

Material:
Wollgarn
Nadelspiel Stärke 1,75–2
glasig goldene Perlen

Anleitung mit Zopfmuster:
- Perlen auffädeln.
- 88 Maschen anschlagen.
- 20 Reihen Bündchen in zwei links/zwei rechts verschränkt arbeiten.
- Dann vier Runden im Grundmuster zwei links, vier rechts stricken. In der fünften Runde mit dem Aufnehmen für den Daumenspickel beginnen und über dem Handrücken fünf Zöpfe anlegen. Dazu die vier rechten Maschen jeweils kreuzen.
- In der Handinnenfläche im Grundmuster weiterarbeiten, indessen wächst der Daumenspickel. Auf dem Handrücken in jeder achten Runde die Zöpfe kreuzen.
- Nach dem dritten Kreuzen folgen rundherum vier Runden im Grundmuster. In der zweiten Runde lässt man die Maschen für das Daumenloch auf einer Hilfsnadel liegen und schlägt an deren Stelle neu an.
- In der Handinnenfläche das Grundmuster beibehalten. Mittig zum Handrücken 45 Maschen abzählen, um dort das Perlenmuster anzulegen. Es beginnt mit zwei Reihen rechts. Dann werden die Perlen eingestrickt.
- Nach dem Perlenmuster zwei Runden rechts um den ganzen Handschuh herum stricken und dann Mauszähnchen anfügen.

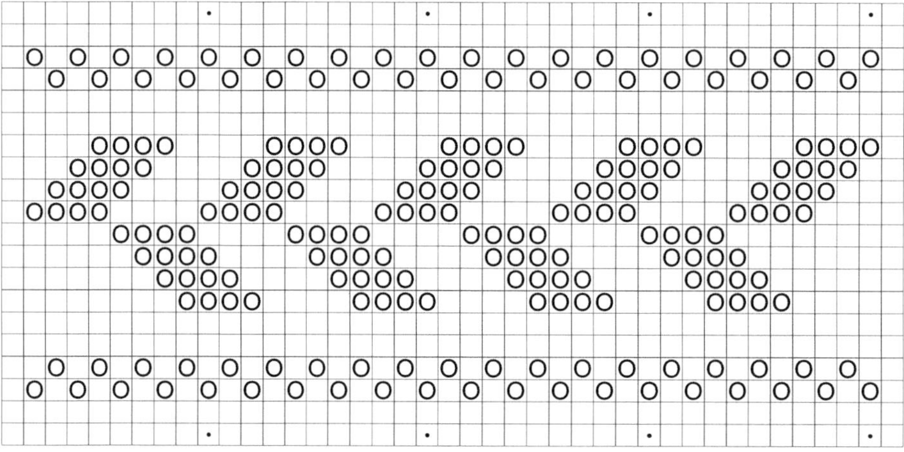

Bei der Variante mit Perlen statt Zopfmuster legt man nach dem Bündchen über dem Handrücken mittig ein Grundmuster an, bei dem sich drei linke und vier rechte Maschen abwechseln. Der Mustersatz wird etwa bis auf Höhe des Daumenloches wiederholt.

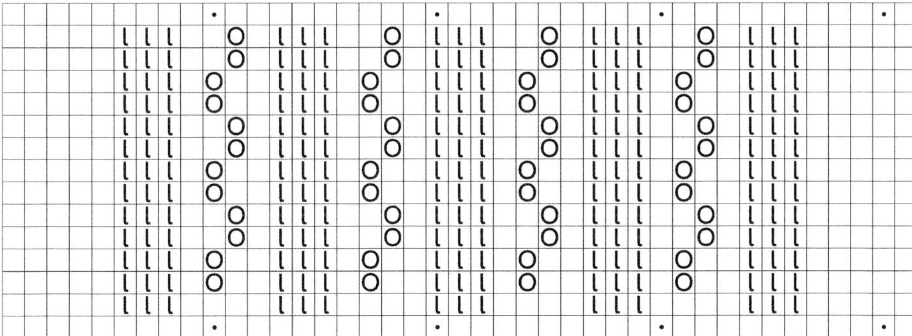

Vasbühl III

Die Machart dieser Staucher (S. 125) erinnert an die Stücke aus Büchold (S. 70). Sie wirken jedoch durch die schwungvolle Blumenranke weniger stre ng.

Material:
weißes Baumwollgarn
Nadelspiel Stärke 1,5
Perlen in Rosa, Hellblau, Rot, Gelb, Grün, Silber

Anleitung:
- Perlen auffädeln.
- 88 Maschen anschlagen.
- Mit Mausezähnchen beginnen.
- Danach eine Runde rechts stricken und dann zweimal das Lochmuster einfügen.

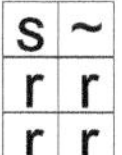

- Vier Runden rechts stricken.
- Nun kommen elf Runden im Bündchenmuster 2 links / 2 rechts verschränkt.
- Die Handinnenfläche wird bis zum oberen Rand im Bündchenmuster weitergeführt. Bei den 48 Maschen über dem Handrücken arbeitet man indessen vier R eihen rechts und strickt dann im Lochmuster weiter.
- Der Daumenspickel entsteht über den ersten beiden rechts verschränkt gestrickten Maschen neben dem Lochmuster. In jeder vierten Runde wird zu beiden Seiten dieser Maschen aufgenommen. Der Spickel bleibt etwa elf Runden glatt rechts und wird dann ebenfalls im Lochmuster gearbeitet. Mit 26 Maschen hat der Daumenspickel die nötige Breite erreicht.

- Wenn über dem Handrücken ca. 16 Reihen mit Löchern übereinander liegen – oder je nach Länge der Hand weniger – kommt das Daumenloch. Dafür 28 Maschen auf eine Sicherheitsnadel legen und an deren Stelle sechs neu anstricken.
- Über dem Daumenloch im Bündchenmuster fortfahren, auf dem Handrücken mit vier Reihen rechts. Dann dort das Perlenmuster einfügen.
- Danach zwei Runden links stricken, abketten u nd die Oberkante umhäkeln.
- Für den rund gestrickten Teil des Daumens Perlen auffädeln. Der Daumen hat 36 Maschen Umfang. Das Lochmuster, das im Spickel angelegt wurde, weiterführen, die restlichen Maschen im Bündchenmuster stricken. Wenn sechs Reihen Löcher übereinander liegen, noch vier Reihen rechts stricken. Dann die Dreiecke einarbeiten. Zwei Runden links stricken, abketten und umhäkeln.

Mustersatz für den Handrücken

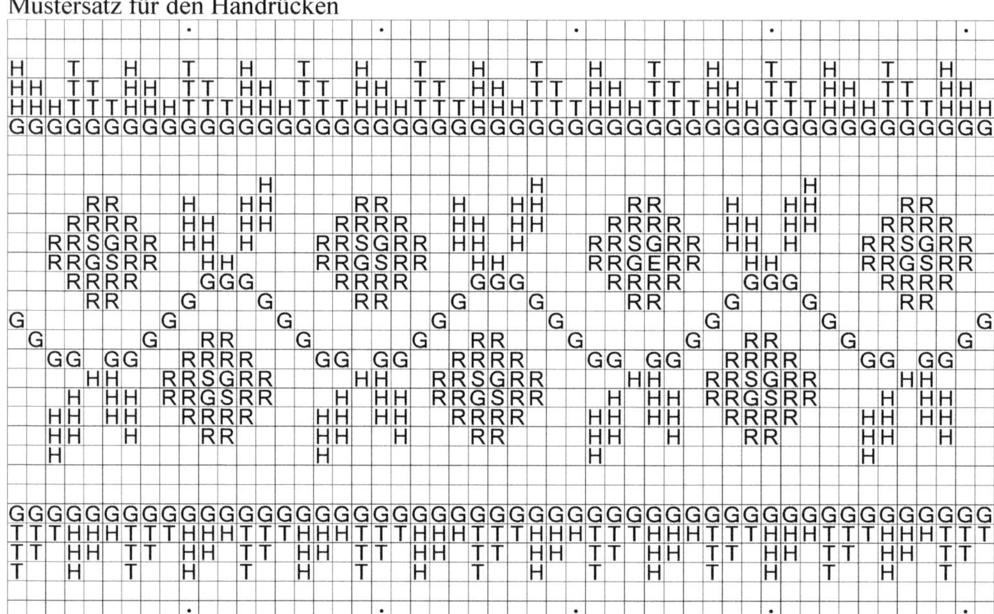

Mustersatz für den Daumen

									•										•										•
T	T	T	H	H	H	T	T	T	H	H	H	T	T	T	H	H	H	T	T	T	H	H	H	T	T	T	H	H	H
T	T		H	H		T	T		H	H		T	T		H	H		T	T		H	H		T	T		H	H	
T			H			T			H			T			H			T			H			T			H		
									•										•										•

Volkach II

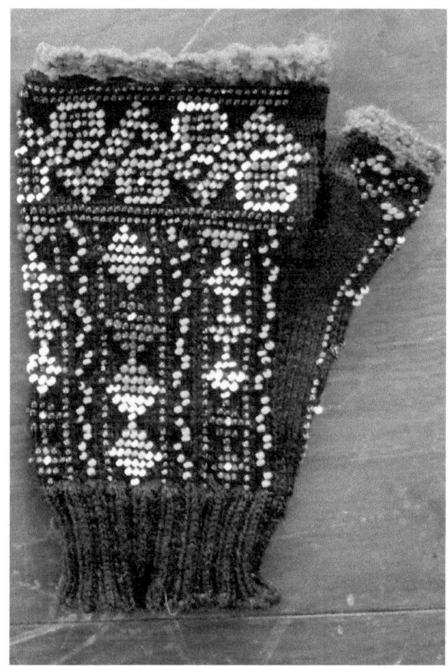

Staucher aus dem Raum Ochsenfurt, Wolle mit Glas- und Metallperlen, Mitte 20. Jh. (Slg. Düchs, Eichelsee)

Das Original der hier aufgezeichneten, schwarzgrundigen Staucher wird im Museum Barockscheune in Volkach aufbewahrt. Eine der Trachtenfigurinen im Mainfränkischen Museum Würzburg trägt eine Tracht aus dem Raum Ochsenfurt samt einem Paar Staucher mit fast identischem Muster. Sie sind allerdings aus weißer Baumwolle gestrickt und mit roten, hellblauen, dunkelblauen, gelben und grünen Perlen verziert. Auch unter den Stauchern der Trachtensammlung in Eichelsee kommt dieses Muster immer wieder vor. Die Farben der Perlen variieren stark. Teilweise sind es wenige aufeinander abgestimmte Nuancen (z. B. nur Braun, Hellblau und Silber), teilweise grelle und bunte Zusammenstellungen (S. 120–121).

Eine Frau, die dieses Muster beherrschte, war Hedwig Köller, die 1898 in Hopferstadt im Ochsenfurter Gau geboren wurde. Erlernt hat sie das Perlenstricken als etwa 20-Jährige von ihrer Cousine. Bis ins hohe Alter von 90 Jahren arbeitete sie die überlieferten Muster nach. Dennoch fiel kein Paar genauso aus wie das andere. Denn die Perlengrößen und -farben variierten stets. Hedwig Köller trug ihr Leben lang die bäuerliche Tracht des Ochsenfurter Gaues. Was die Farbgebung der Handschuhe betraf, hielt sie sich an die überlieferten Regeln. Hannelore Grimm berichtete über sie in einer regionalen Tageszeitung am 18. 11. 1988: „So dürfen, wie Hedwig Köller sagt, während der Trauerzeit nur Handschuhe getragen werden, in denen Perlen in den Farben Weiß, Blau und Grün das Muster bilden. Alle Farbtöne, vorherrschend gelb und rot, gehören zu den Festtagshandschuhen. Während früher auch weiße Handschuhe im Sommer zur Tracht getragen wurden, strickt Hedwig Köller sie in dieser Farbe nur noch für die Trachtenpuppen."

Material:
schwarzes Wollgarn, Nadelspiel 1,5 oder 2
Perlen in Rot, Gelb, Grün, Weiß, Rosarot, und Blau

Anleitung:
- Perlen nach der Vorlage auffädeln und 64 Maschen anschlagen.
- Bündchen 4 cm hoch 2 rechts / 2 links stricken.
- Für den Handrücken die Perlen nach dem Muster einarbeiten. Dabei ab der 4. Perlenrunde für den Daumenspickel aufnehmen.
- Als Abschluss Mausezähnchen anfügen (Anleitung S. 20).
- Für den Daumen Perlen nach dem Muster einfädeln.

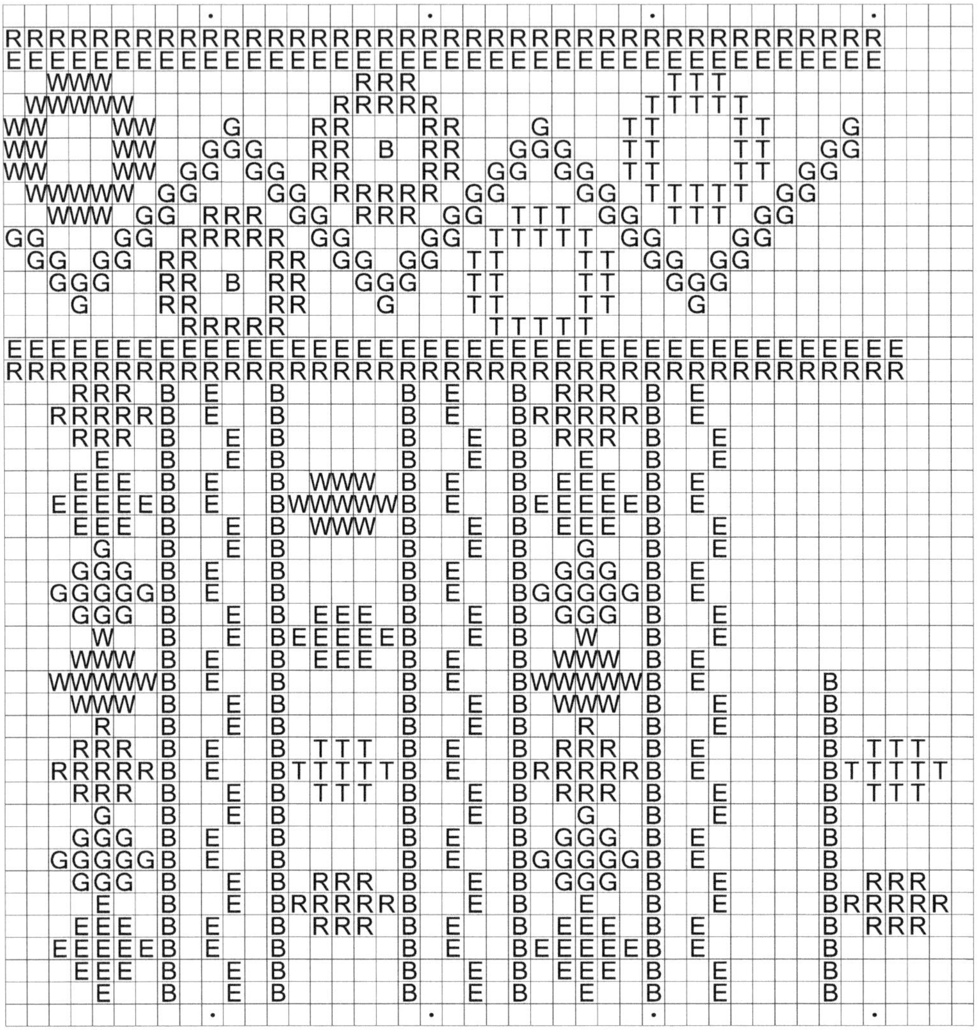

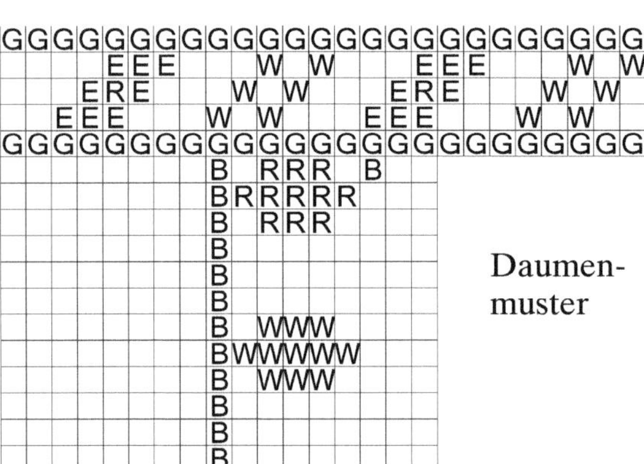

Daumenmuster

Wie die Volkacher Stücke zeigen, nahmen es die Strickerinnen nicht so genau mit der Symmetrie der Muster. Vor dem Nacharbeiten empfiehlt es sich, über Kürzungen oder Änderungen nachzudenken!

Muster und Bordüren

Blumen

Material:
schwarzes Wollgarn, Lauflänge 210–225 m / 50 g
Nadelspiel Stärke 1,75–2
Perlen in drei Farben (Ø 2,6 mm)

Anleitung:
– Perlen auffädeln, dazu beim schwarzen Pfeil beginnen und in Leserichtung weiter machen.

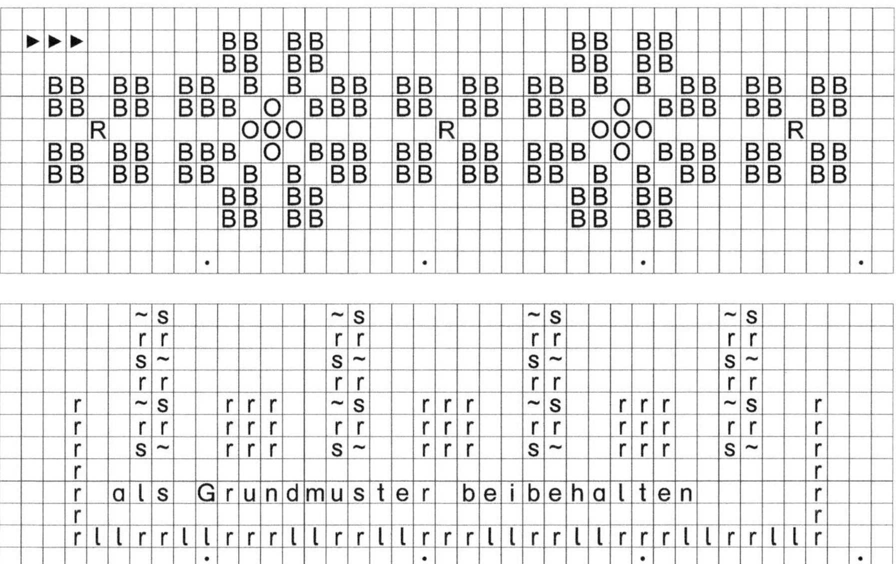

– 62 Maschen anschlagen. In der ersten Runde 27 davon 1 rechts / 1 links stricken. Das wird bei den Maschen auf der Handinnenseite bis zur Oberkante der Staucher so beibehalten. Die restlichen Maschen gehören zum Handrücken und bekommen für etwa 40 Runden das oben aufgezeichnete Rippenmuster mit Schlangenlinien.
– Nach 30 Runden beginnt das Aufnehmen für den Daumenspickel (insgesamt 8 Maschen). In der gewünschten Höhe 16 Maschen für das Daumenloch auf eine Hilfsnadel legen und an deren Stelle 8 Maschen neu anschlagen.
– Nach dem Daumenloch mittig zum Handrücken 41 Maschen glatt rechts stricken und das Blumenmuster einarbeiten. An die Oberkante kommen Mausezähnchen (Anleitung S. 20).
– Den Daumen 1 links / 1 rechts stricken und ebenfalls mit Mausezähnchen abschließen.

Gold und Silber

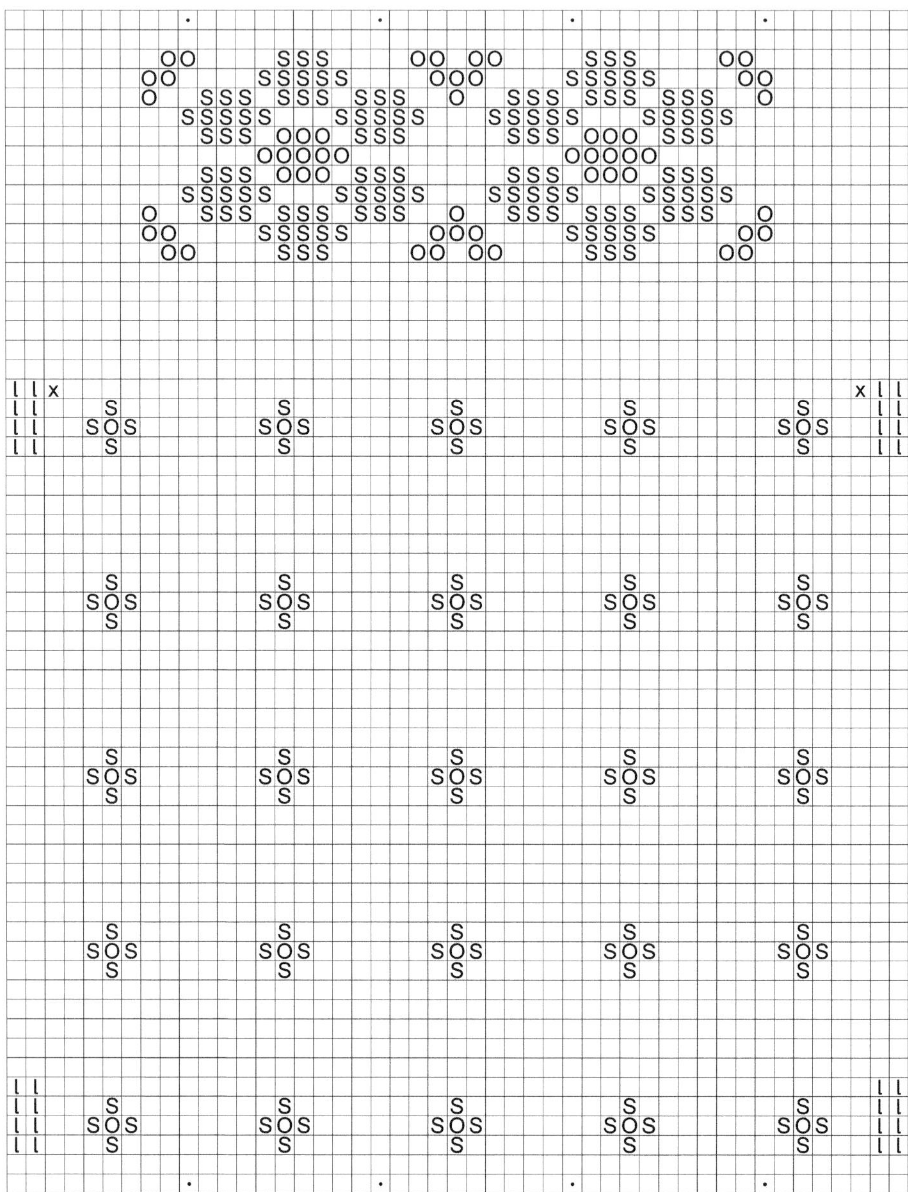

Das Muster ist in Anlehnung an historische Staucher aus dem Raum Schweinfurt/ Werneck entstanden. Es greift die dort beliebte Kombination von Lochmustern und Perlenverzierung in Gold und Silber auf.

Material:
schwarzes Baumwollgarn, Nadelspiel Stärke 1,5 oder 2
Perlen in Gold und Silber

Anleitung:

- Perlen nach der Vorlage auffädeln und 88 Maschen anschlagen.
- Bündchen 6 cm hoch 2 rechts / 2 links stricken.
- 44 Maschen auf der Handinnenseite wie das Bündchen weiterstricken. Mit den anderen das Lochmuster beginnen.
  1. Runde: 1 links; viermal 7 rechts, 1 Umschlag, 1 links; am Schluss 7 rechts, 2 links.
  2. Runde: 1 links; viermal 7 rechts, 1 links, 2 rechts verschränkt zusammen stricken, 1 Umschlag; am Schluss 7 rechts, 2 links.
  3. Runde: 1 links; viermal 7 rechts, 1 Umschlag, 1 links, 2 rechts verschränkt zusammen stricken; am Schluss 7 rechts, 2 links.
- 2. und 3. Runde immer im Wechsel wiederholen.
- Ab der 7. Runde des Lochmusters die Perlenblüten mittig in die sieben rechten Maschen einstricken. Dieses Muster bis zur Reihe mit dem x (Daumenloch) fortführen.
- 6 Runden glatt rechts, dann rechts weiter und das große Blumenmuster einarbeiten.
- Als Abschluss Mausezähnchen stricken (Anleitung S. 20).

Kränze

Staucher mit Kränzen auf dem Handrücken sind im Umland von Ochsenfurt reichlich überliefert (S. 106, 119 u. 124). Wir haben zwei vereinfachte Vorlagen ausgearbeitet, die den Charakter dieser Handschuhe aufnehmen.

Material:
weißes oder beiges Baumwollgarn
Nadelspiel Stärke 2
Perlen in Blau, Rot, Gelb, Grün und beliebiger Farbe für Jahreszahlen oder Monogramme in den Blütenkränzen

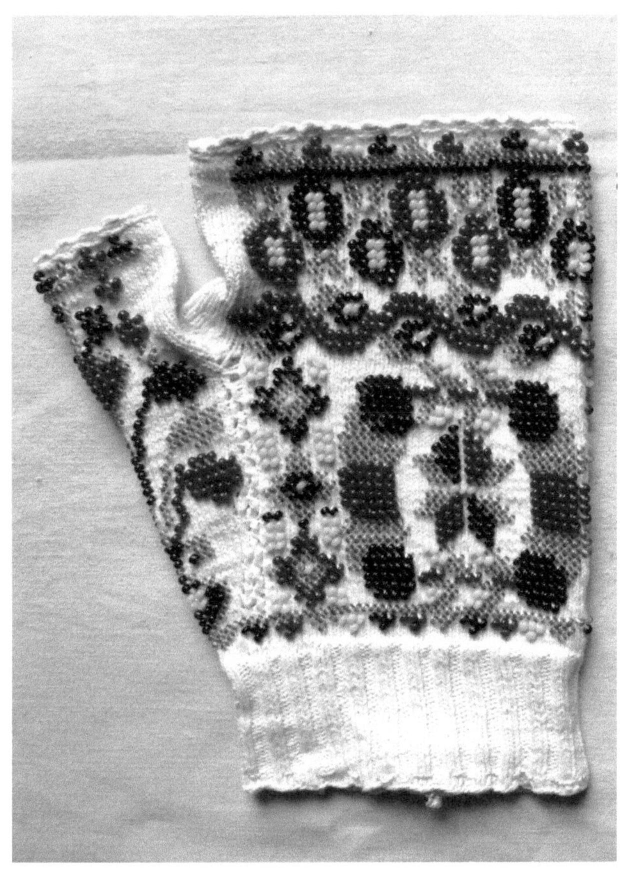

Staucher aus dem Raum Ochsenfurt, Baumwolle und Glasperlen in Grün, Gelb, Hell- und Dunkelblau, 1. H. 20. Jh. (Slg. Düchs, Eichelsee)

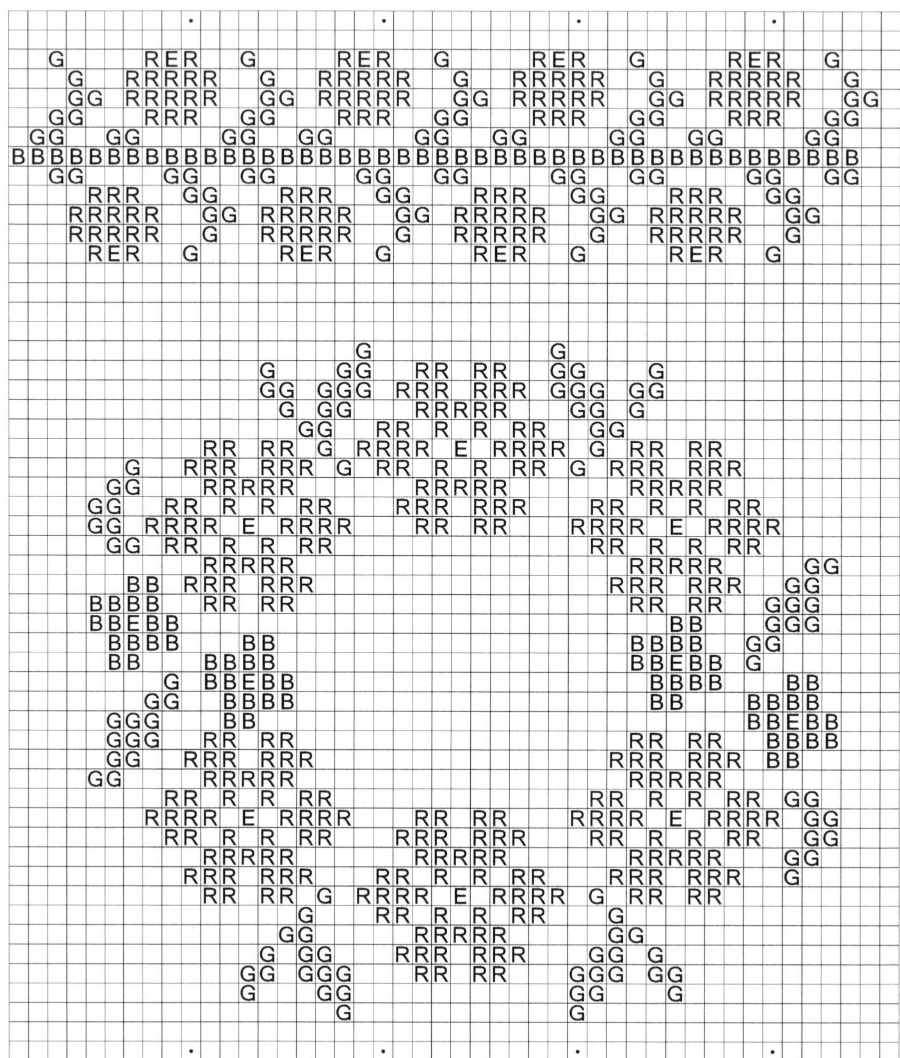

Anleitung:

- Perlen nach der Vorlage auffädeln und dabei Jahreszahlen oder Monogramme in die Blütenkränze einfügen.
- 84 Maschen anschlagen.
- Bündchen mit 25 Reihen 2 rechts/2 links stricken.
- Drei Runden rechts.
- Das Lochmuster von S. 73 einfügen und mit dem Daumenspickel beginnen.
- Drei Runden rechts.
- Die Perlen nach dem Muster einarbeiten.
- Als Abschluss Mausezähnchen anfügen.
- Den Daumen selbst gestalten!

Das nun folgende, biedermeierlich zarte Kränzchen (S. 125) eignet sich nur für sehr feines Material. In jede Maschenreihe sind Perlen eingestrickt.

Anleitung:

- Die Buchstaben für das gewünschte Monogramm oder eine Jahreszahl in das Kränzchen eintragen.
- Für die Mausezähnchen an der Oberkante 21 gelbe Perlen auffassen. Dann die Perlen nach der Vorlage auffädeln. Man beginnt oben beim schwarzen Pfeil, liest jede Reihe von links nach rechts und fädelt sich so bis unten hin durch.
- 88 Maschen anschlagen und ein 4 cm breites Bündchen 2 rechts / 2 links stricken.
- Eine Runde glatt rechts stricken und dabei zwei Maschen aufnehmen.
- Nach einer weiteren Runde rechts mit dem Lochmuster beginnen.
  1. Runde: 1 rechts, 1 Umschlag, 2 Maschen rechts zusammen stricken, 5 rechts, 2 rechts zusammen stricken, 1 Umschlag.
  2. Runde: rechts.
  3. Runde: 2 rechts, 1 Umschlag, 2 Maschen rechts zusammen stricken, 3 rechts, 2 rechts zusammen stricken, 1 Umschlag, 1 rechts.
  4. Runde: rechts.
  5. Runde: 3 rechts, 1 Umschlag, 2 Maschen rechts zusammen stricken, 1 rechts, 2 rechts zusammen stricken, 1 Umschlag, 2 rechts.
  6. Runde: rechts.
  7. Runde: 4 rechts, 1 Umschlag, 3 Maschen rechts zusammen stricken, 1 Umschlag, 3 rechts.
- Sechs Runden rechts stricken. In der siebten mittig zum Handrücken und zu einer der Spitzen des Lochmusters mit dem Perlenmuster beginnen.
- In der mit dem x gekennzeichneten Reihe 14 Maschen für den Daumen auf einer Sicherheitsnadel ablegen. An deren Stelle ebenso viele Maschen neu anschlagen. Der Daumen bekommt damit 28 Maschen, auf denen vier der Mustersätze Platz haben, die auch den oberen Abschluss der Hand bilden.
- Im Zählmuster weiterarbeiten. Nach der letzten Reihe mit Perlen Mausezähnchen mit je sechs Runden glatt rechts vor und nach dem Umschlagen arbeiten. In die Runde mit den Umschlägen Perlen einfügen.

Das Perlenmuster ist symmetrisch. Das heißt, die Perlen für den rechten und den linken Handschuh können auf dieselbe Weise aufgefädelt werden. Nur das Anlegen des Daumenloches erfolgt gegengleich.

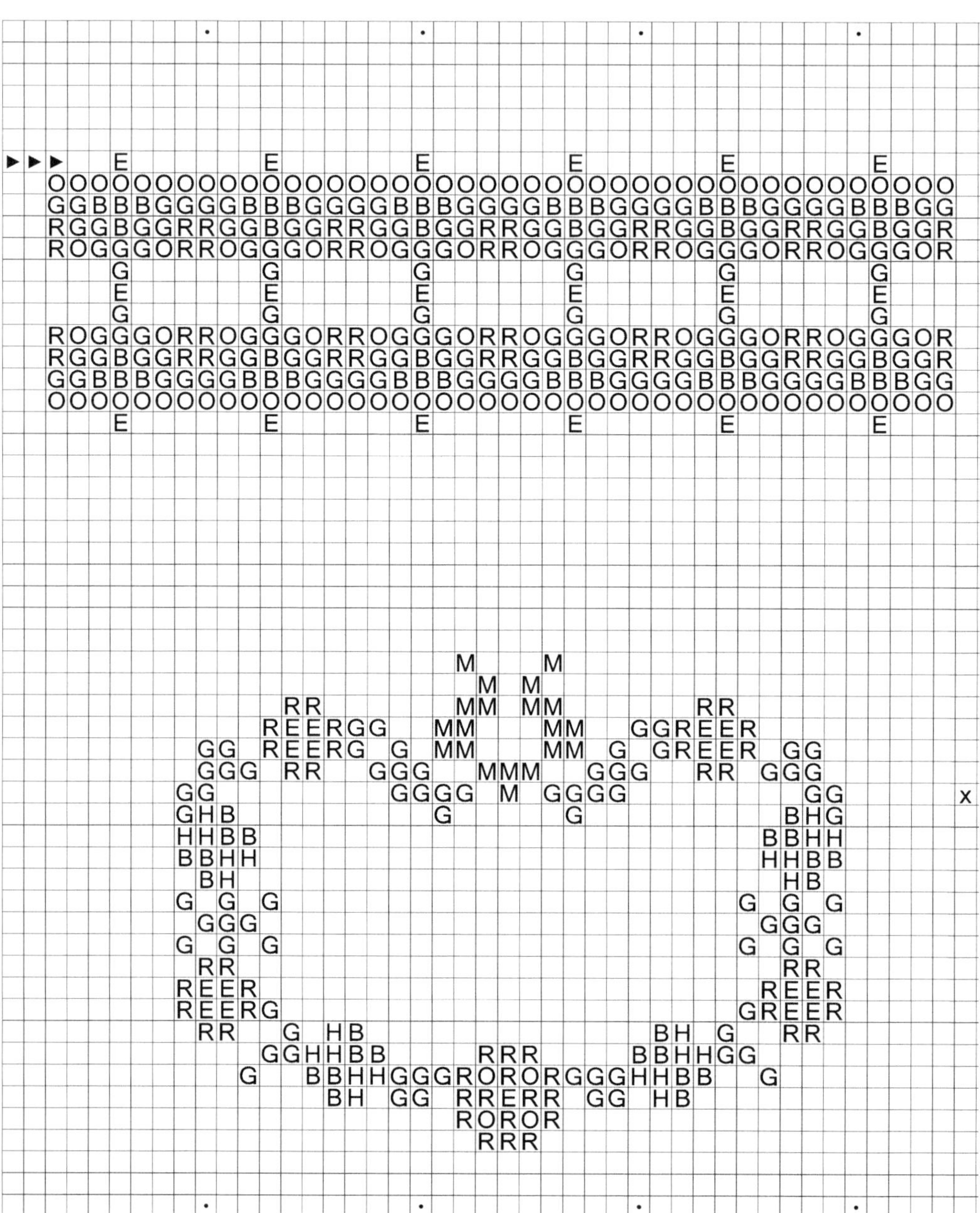

E gelb
R rot
O glasig rot
H hellblau
B dunkelblau
G grasgrün
M moosgrün

Rosen

Rote Rosen passen zu Jeansjacken ebenso gut wie zum Walkjanker. Der schmälere Mustersatz eignet sich für warme Wollstulpen (S. 122), der breitere für dünne Baumwollstaucher.

Material:
blaues Wollgarn (weißes Baumwollgarn)
Nadelspiel der Stärke 1,75–2 (1,5–1,75)
Glasperlen in Grün, Rot und Rosa, Ø 2,3–2,5 mm (2,0–2,2 mm)

Anleitung:

- Perlen nach der Vorlage auffädeln. Beim schwarzen Pfeil beginnen und jede Zeile von links her lesen. Für den zweiten Staucher das Rosenmuster gegengleich fädeln: Beim weißen Pfeil beginnen und jede Zeile von rechts her lesen.
- 60 (80) Maschen anschlagen und zur Runde schließen. 6 cm hoch 1 rechts verschränkt / 1 links stricken.
- Dann für den Daumenspickel in jeder 3. Runde zwei Maschen aufnehmen.
- Nach achtmal Aufnehmen 20 Maschen für den Daumen auf einer Sicherheitsnadel ablegen. In der nächsten Runde an deren Stelle 10 neue Maschen anschlagen und die Runde schließen.
- Eine Runde im Grundmuster 1 rechts verschränkt / 1 links stricken.
- Auf der Handinnenseite geht es im Grundmuster weiter. Währenddessen mittig über dem Handrücken 36 (44) Maschen rechts stricken. Nach zwei Runden dort das Perle nmuster einfügen.
- Erneut zwei Runden rechts. Die Oberkante mit Mausezähnchen abschließen (s. S. 20).
- Den Daumen im Grundmuster stricken und ebenfalls Mausezähnchen anfügen.

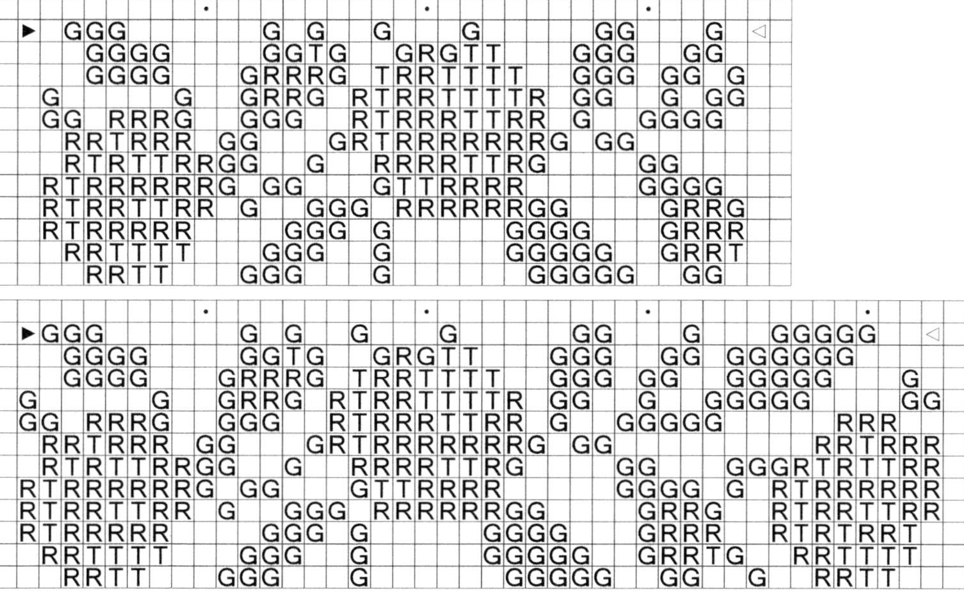

Bordüren

Bei Stauchern aus Unterfranken sind verschiedenste Bordüren nebeneinander zu finden. Teilweise sind sie mit einem Loch- oder Rippenmuster über dem Handrücken kombiniert. Ein Paar Wollstaucher (S. 122) lässt sich ebenso gut mit einer einzelnen Borte an der Oberkante verzieren wie eines aus weißer Baumwolle. Und das passt dann durchaus auch zur Ausstattung einer Braut (S. 125).

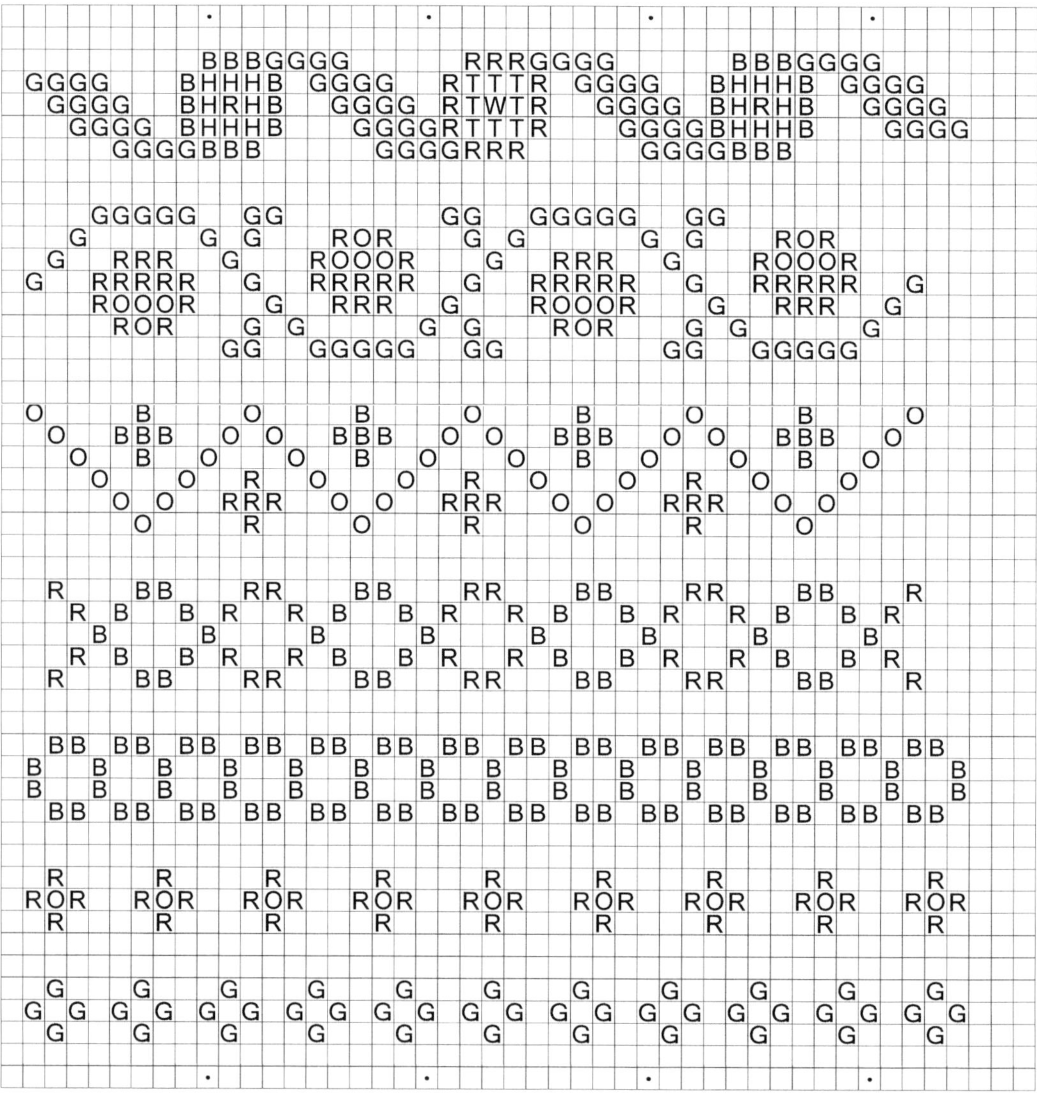

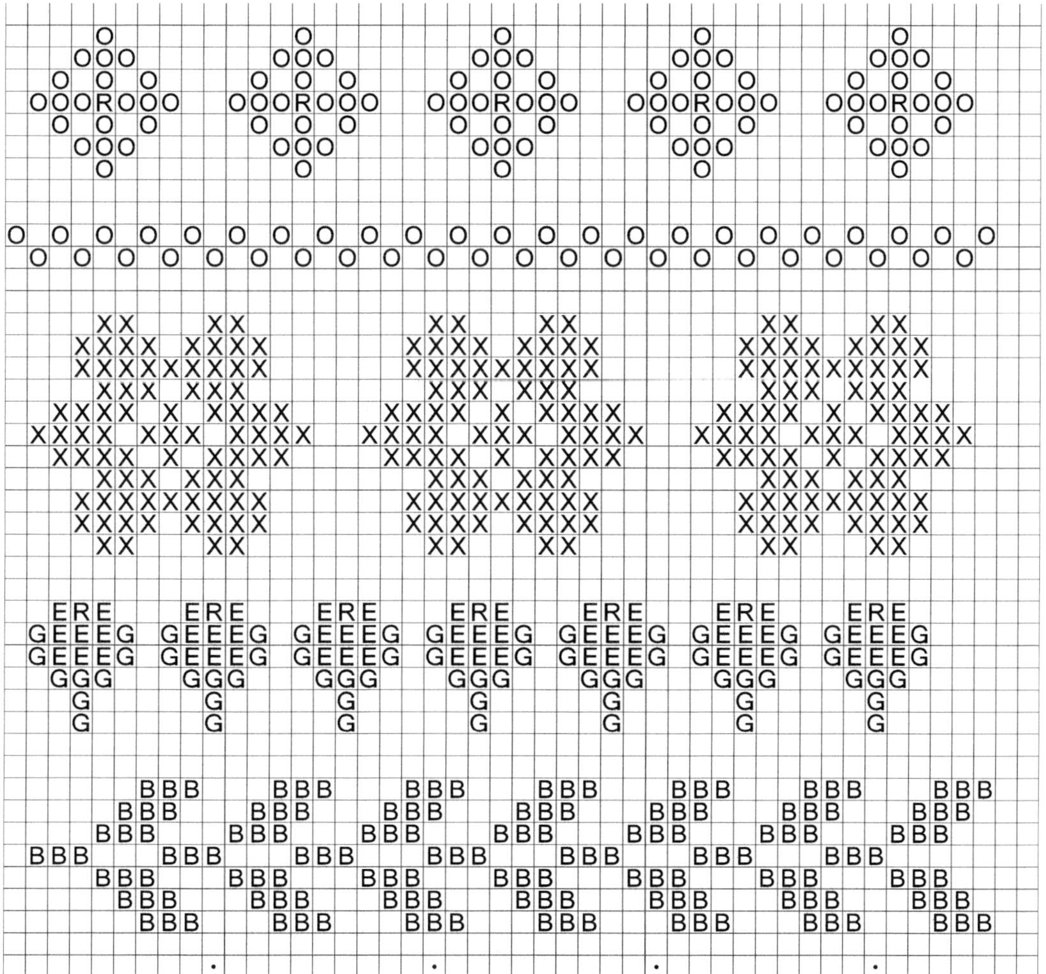

Buchstaben

Es gibt in Stickmusterbüchern viele Ziffern und Alphabete. Für die Perlenstrickerei mit ihren leicht schräg verlaufenden Maschen eignen sie sich allerdings meist erst nach kleinen Änderungen. Um Vorlagen in geeigneter Größe und Gestalt zu erhalten, haben wir ein Alphabet aus dem „Buch der Wäsche“ von Brigitta Hochfelden und Marie Lindner bearbeitet, das in Leipzig um 1900 erschien.

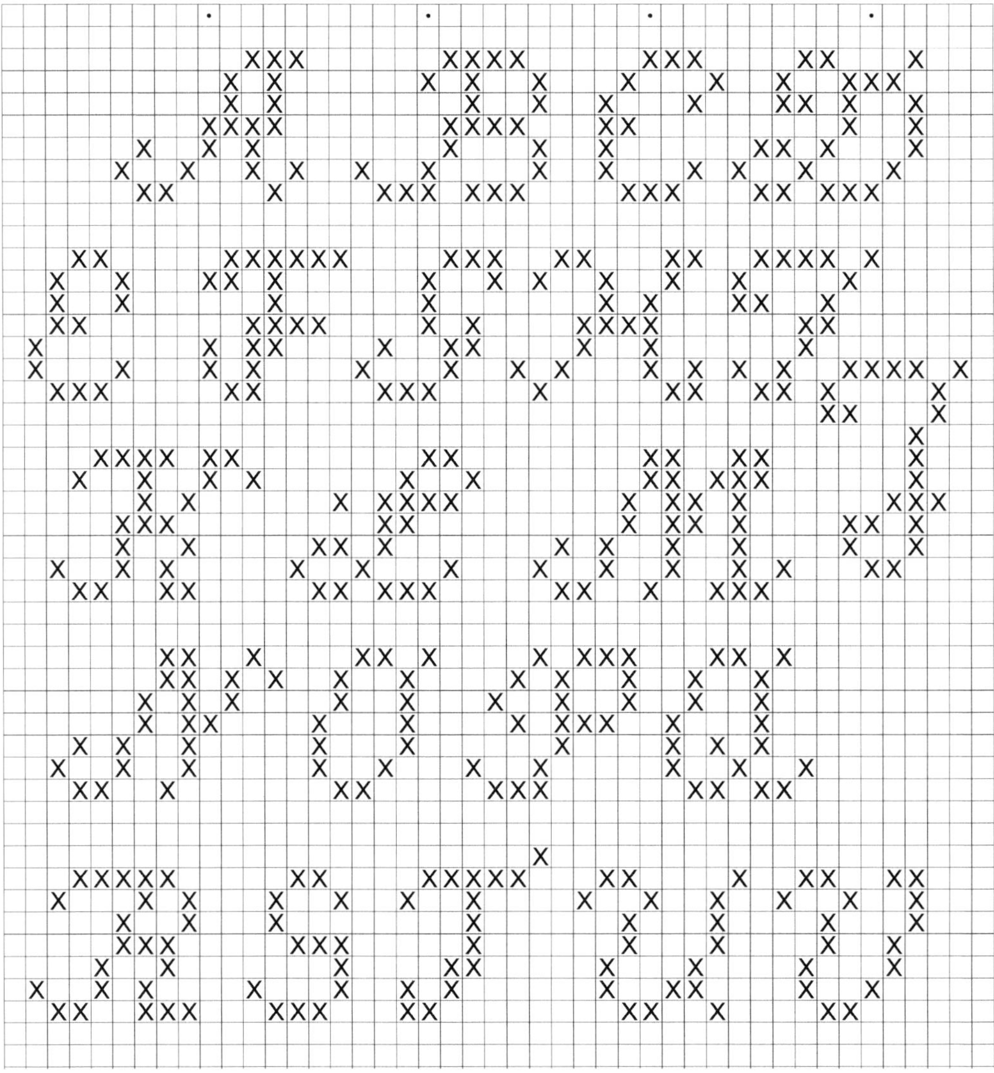

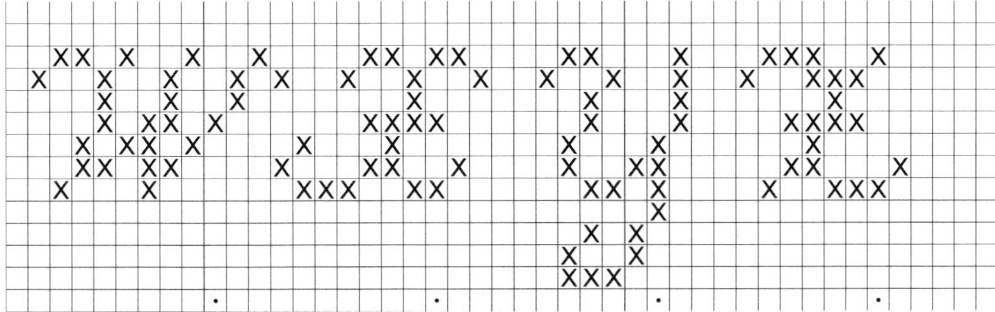

Lochmuster

Loch- und Perlenmuster, die den ganzen Handrücken bedecken, sind uns vor allem von Stauchern des 19. Jahrhunderts bekannt (S. 107). Spätere haben meist nur am Bündchen und/oder am Daumenspickel ein Lochmuster. Hier haben wir einige einfache Lochmuster zusammengestellt, die häufig auftauchen. Die Schlangenlinie wird an alten Stücken als seitlicher Abschluss von Perlenmustern genutzt oder zu beiden Seiten des Daumenspickels eingestrickt (S. 120 u. 124). Die anderen Muster kommen an Handrücken und Bündchen vor und sind dort beliebig nebeneinandergestellt.

Schlange, 4-reihig

r	r
~	s
r	r
s	~

Flohleiter, 2-reihig

r	r	~	s
z	~	r	r

Dachziegel, 6-reihig

l	~	x	~	l
l	r	r	r	l
l	r	r	r	l
l	r	r	r	l
l	r	r	r	l
l	r	r	r	l

Fischgräte, 8-reihig

r	r	r	r	r	r	r	r	r	r	r
z	~	r	r	r	r	r	r	r	~	s
r	r	r	r	r	r	r	r	r	r	r
r	z	~	r	r	r	r	r	~	s	r
r	r	r	r	r	r	r	r	r	r	r
r	r	z	~	r	r	r	~	s	r	r
r	r	r	r	r	r	r	r	r	r	r
r	r	r	z	~	r	~	s	r	r	r

Wellen, 2-reihig

l	z	r	r	r	~	r	~	r	r	r	s	l
l	r	r	r	r	r	r	r	r	r	r	r	l

Die Wellen sind ein Muster für Bündchen (S. 107 u. 124–125). Die Maschenzahl muss bei der hier wiedergegebenen Musterbreite durch 13 teilbar sein. Schmäler wird der Mustersatz, wenn man die eingezeichneten linken Maschen weglässt, und breiter, indem man weitere einfügt. Das Bündchen beginnt mit zwei Runden linker Maschen. Dann wird der zweireihige Mustersatz sechsmal wiederholt. Danach folgen erneut zwei Runden linker Maschen.

Die Lochmuster lassen sich gut kombinieren, indem man sie nebeneinanderstellt und dazwischen rechte Maschen strickt (Foto 68). Diese rechten Maschen sind in der folgenden Vorlage als leere Kästchen wiedergegeben, damit man die einzelnen Muster noch unterschieden kann. Die Kombination hat die Reihenfolge Flohleiter, Dachziegel, Fischgräte, Dachziegel, Flohleiter. Sie erstreckt sich auf 35 Maschen und eignet sich für einen Handrücken. Die Mustersätze werden jeder für sich so oft wiederholt, bis die gewünschte Höhe erreicht ist. In der obersten Reihe unserer Vorlage beginnt der Mustersatz der Fischgräte also zum zweiten Mal und derjenige der Flohleiter zum fünften Mal, während ein Dachziegel seinen Abschluss findet. Nach insgesamt fünf Mustersätzen der Fischgräte (40 Reihen) kommt es in derselben Reihe zum Abschluss einer Fischgräte und eines Dachziegels. Hier kann das Lochmuster beendet werden.

	z	~	r	r		l	~	x	~	l		r	r	r	z	~	r	~	s	r	r	r		l	~	x	~	l		z	~	r	r	
	r	r	~	s		l	r	r	r	l		r	r	r	r	r	r	r	r	r	r	r		l	r	r	r	l		r	r	~	s	
	z	~	r	r		l	r	r	r	l		z	~	r	r	r	r	r	r	r	~	s		l	r	r	r	l		z	~	r	r	
	r	r	~	s		l	r	r	r	l		r	r	r	r	r	r	r	r	r	r	r		l	r	r	r	l		r	r	~	s	
	z	~	r	r		l	r	r	r	l		r	z	~	r	r	r	r	r	~	s	r		l	r	r	r	l		z	~	r	r	
	r	r	~	s		l	r	r	r	l		r	r	r	r	r	r	r	r	r	r	r		l	r	r	r	l		r	r	~	s	
	z	~	r	r		l	~	x	~	l		r	r	z	~	r	r	r	~	s	r	r		l	~	x	~	l		z	~	r	r	
	r	r	~	s		l	r	r	r	l		r	r	r	r	r	r	r	r	r	r	r		l	r	r	r	l		r	r	~	s	
	z	~	r	r		l	r	r	r	l		r	r	r	z	~	r	~	s	r	r	r		l	r	r	r	l		z	~	r	r	
									•										•										•					

Fußnoten

1 Hier und im Folgenden nach: Deutsches Wörterbuch von Jacob Grimm und Wilhelm Grimm. Nachdruck der Erstausgabe 1919, bearbeitet von Moriz Heyne. München 1984, Bd. 17, Spalte 1137–1138.

2 Evelyn Gillmeister-Geisenhof: „Millionen von Stichen hab' ich wohl gemacht ...". Alte Handarbeitsmuster und -techniken aus Mittelfranken, Teil II – Stricken mit und ohne Perlen (= Schriftenreihe der Trachtenforschungs- und -beratungsstelle Bezirk Mittelfranken, Band 7.II). Bad Windsheim 2005, S. 60–61, 83 u. 90–101.

3 Im Original abgebildet in: Herbert Dettweiler, Stefan Hirsch, Evelyn Gillmeister-Geisenhof u.a.: Bürgerliche und ländliche Kleidung im Bistum Eichstätt. Ansbach 1991, S. 93. – Näheres zu Stauchern aus Mittelfranken wird der zweite Band der Handarbeitsbuchreihe von Evelyn Gillmeister-Geisenhof, Trachtenberaterin des Bezirks Mittelfranken, enthalten.

4 Die Trachtenvielfalt der Fränkischen Schweiz im Wandel (= Ausstellungskatalog des Fränkische-Schweiz-Museums 4). Pottenstein 1994, S. 38 und 98–99.

5 Nach freundlicher Auskunft von Frau Nauderer.

6 Interessengemeinschaft für Geschichte und Brauchtum in Merklingen (Hg.): Merklinger Trachtenbuch. Zusammengestellt von Cäcilie Braitinger und Peter Bachteler. Merklingen 2004, Abbildung S. 49.

7 „Mofjes" mit Zopfmuster oder „Kralenbreiwerk" als Teil ländlicher Kleidung um die Mitte des 20. Jahrhunderts dokumentiert Adriana Brunsting: Het steekdrachten Boek. Nederlands Opluchtenmuseum Arnhem. Zwolle 2007, mit Abb. auf S. 140 und 261.

8 Siehe die Rubrik „Pulswärmer" auf der Internetseite www.porttikoski.de (Zugriff v. 07.09.2009).

9 Ein Paar gestrickter Stulpen mit aufgestickten Stahlperlen aus dem ehemaligen Jugoslawien enthält Caroline Crabtree und Pam Stallebrass: Atlas der Perlenarbeiten. Ein illustrierter Führer durch die Welt der Perlenobjekte. Bern Stuttgart, Wien 2002, S. 165.

10 Hier und im Folgenden nach Ingrid Loschek: Accessoires – Symbolik und Geschichte. München 1993, S. 84 u. 88–89.

11 Beispiele sind zu finden bei Saskia Durian-Rees u. a.: Modisches aus alter Zeit – Accessoires aus vier Jahrhunderten. Fachsammlung Bayerisches Nationalmuseum München 1979, S. 34 u. 35. Des Weiteren bei Akiko Fukai u. a.: Fashion – Eine Modegeschichte vom 18. bis 20. Jahrhundert. Die Sammlung des Kyoto Costume Institute. Köln 2002, S. 48 u. 49, S. 51. Auch bei Volker D. Laturell: Trachten in und um München. Geschichte – Entwicklung – Erneuerung. München 1998, S. 69. Und Alexander Wandinger: Tracht ist Mode. München 2002, S. 27.

12 Durian-Rees, wie Anm. zuvor, S. 38: Modekupfer aus Journal des Dames et des Modes, Frankfurt 1805.

13 Weiße, cremefarbene und schwarz-weiß gestreifte Staucher aus England um 1835 zeigt z. B. L. Rowland-Warne: Kleidung & Mode. Von der Toga bis zur Mode der Punks. Hildesheim 1994, S. 19.

14 Fukai, wie Anm. 5, S. 202 zeigt ein Modekupfer aus „Costumes Parisienne" vom 15.7.1833 mit Halbhandschuhen aus geblumter und netzartiger Spitze, S. 203 ebd. spitzenartige schwarze Seidenstrick-Halbhandschuhe mit einer aufgestickten Ranke aus silberfarbigen Metallperlen aus den 1830er-Jahren. Die Abb. auf S. 209–210 bringen ein Brautkleid und ein Tageskleid aus Seidentaft um 1845, die jeweils mit cremefarbenen Stauchern dekoriert sind.

15 Vergleiche Rowland-Warne, wie Anm. 7, S. 41: Staucher aus schwarzer Tüllspitze zum Krinolinenkleid um 1850/60. Handschuhe aus „einfacher Brüsseler Duchesse" vor der Endfertigung aus dem Nachlass der Spitzenmanufaktur Franke, Anfang 20. Jh., sind abgebildet bei Gisela Framke (Hg.): Spitze. Luxus zwischen Tradition und Avantgarde. Museum für Kunst und Kulturgeschichte der Stadt Dortmund. Dortmund 1995, S. 32.

16 Laturell, wie Anm. 5, S. 69: Porträt der Braumeistersgattin, Gemälde von Andreas Hölzl um 1780 mit goldener Rokokohaube, rotem Caraco und schwarzen „Stützeln" mit Lochmuster und bogiger Kante über dem Handrücken. Beim Kupferstich von Johann Martin Will, S. 66, „Braut eines Brandeweiners oder Bräuers u. dergleichen in München" von 1770, ist nicht klar, ob durchbrochene Staucher oder verzierte Blusenärmel dargestellt wurden. Die „Bayrische Hand-Wercks Frau", aus derselben Kupferstichfolge, S. 79, trägt eindeutig dunkle Staucher mit Rüschen an den Kanten.

17 Laturell, wie Anm. 5, S. 77: Drei Münchnerinnen, Aquarell von Ludwig Neureuther um 1805.

18 Paul Ernst Rattelmüller und Gisela Scheffler (Hg.): Volkstracht und Landschaft in Altbayern. Ihre Entdeckung um 1800 durch Johann Georg von Dillis und seine Zeitgenossen. Ausstellung zum 150. Todestag von J. G. v. Dillis, Staatliche Graphische Sammlung München 29.11.1991 bis 9.2.1992. München 1991, Abbildung unter Kat. Nr. 73.

19 Ebenda, Kat. Nr. 77 u. 79, Bildbeschreibung S. 178.

20 Vergleiche die Abb. in Ursula Pfistermeister: Wachs – Volkskunst und Brauch. Bd. 2. Nürnberg 1983, S. 114.

21 Vergleiche Monika Hoede: Kleidung im Rainer Winkel vom 18. bis zum 20. Jahrhundert. In: Rainer Winkel und Lechrain (= Trachten in Bayern 6). München 2001, S. 30–60, hier die Abb. S. 30, 34–35.

22 Friederike Prodinger, Reinhard R. Heinisch: Gewand und Stand. Kostüm- und Trachtenbilder der Kuenburg-Sammlung. Salzburg 1983, Tafel 27, 28, 51, 61, 77, 91, 97.
23 Laturell, wie Anm. 5, S. 83.
24 Klaus Beitl: Votivbilder. Zeugnisse einer alten Volkskunst. Salzburg 1973.
25 Claudia Selheim: Die Entdeckung der Tracht um 1900. Die Sammlung Oskar Kling zur ländlichen Kleidung im Germanischen Nationalmuseum. Nürnberg 2005, Abb. 241 auf S. 259, Beschreibung S. 386.
26 Ebenda, Abb. 234 auf S. 253, laut Beschreibung S. 382 aus Wolle und von Hand gestrickt.
27 Ebenda aus Sursee (Schweiz) mit maschinell gestrickten, seidenen, schwarzen Unterärmeln, Abb. 189 auf S. 209, Beschreibung S. 361; aus Ochsenfurt mit handgestrickten und Perlen verzierten braunen Halbhandschuhen, Abb. 151, auf S. 177, Beschreibung S. 347. Der Kreis Schaumburg ist vertreten mit Stücken aus Lindhorst Abb. 81 auf S. 112, mit Beschreibung S. 311 und Abb. 83 auf S. 113. Zudem mit einer Bückeburger Abendmahlstracht, Abb. 84 ebenda.
28 Strickmusterbuch von Johann Fr. Netto und Philipp Lehmann, Voss & Co. Leipzig 1800.
29 Zu Geschichte und Verbreitung des Strickens siehe Evelyn Gillmeister-Geisenhof, wie Anm. S. 8–19, zu Mustervorlagen insbesondere S. 17.
30 Marianne Stradal, Ulrike Brommer: Mit Nadel und Faden. Freiburg 1990, S.179.
31 Claudia Selheim: Das textile Angebot eines ländlichen Warenlagers in Süddeutschland 1778–1824 (= VVK 53). Würzburg 1994, S. 288.
32 Barbara Knüttel: Manns- und Weibskleider in Unterfranken (= VVK 15). Würzburg 1983.
33 Hermann Heidrich: Kleidung in einem fränkischen Dorf. Die Sammlung und die Aufzeichnungen von Richart Reihart aus Eckartshausen. Bad Windsheim 1986, Abb. S. 74.
34 Hier und im Folgenden nach Wolfgang Schneider: Landvolk in Bildquellen. In: Fränkisches Volksleben im 19. Jahrhundert. Wunschbilder und Wirklichkeit. Würzburg 1985, S. 125–132, hier S. 127 u. 129–130.
35 Abb. bei Heidrich, wie Anm. 19, S. 74 u. 86.
36 Abb. ebenda, S. 55.
39 Auskunft von Lona Weid aus Sonderhofen, deren Mutter Anna Reuß (1911–1985) bis zu ihrem Tod die Ochsenfurter Gautracht trug.
40 Bei Karin Genth, in: Trachten in Unterfranken (= Mainfränkische Studien 26), Würzburg 1982, S. 117, heißt es im Gegensatz hierzu, im Werngrund hätten Mädchen und jüngere Frauen weiße „Söckli“ getragen, ältere Frauen dagegen schwarze.
41 Sabina Schürenberg: Glasperlarbeiten. Taschen und Beutel – Von der Vorlage zum Produkt. München 1998, hier S. 77.
42 Nach Schürenberg, wie Anm. zuvor, insbesondere S. 23–37.

Bildnachweis

FranKonzept, Würzburg: S. 54, 105 unten, 107 oben rechts, 115 unten links
Maria Geiß, Büchlberg: S. 68–69
Heinz Gerichshausen, Museum für europäische Volkstrachten Wegberg-Beeck: S. 82–83
Horst Günter, Heimatmuseum Nüdlingen: S. 108 oben
Herr Hacker, Fränkisches Freilandmuseum Fladungen: S. 107 oben links
Gerd Hiller, Mainberg: S. 18, 35, 50, 106 oben, 113 oben links, 123 oben, 125 oben rechts
Monika Hoede, Trachtenkulturberatung Bezirk Schwaben, Krumbach: S. 75
Christiane Landgraf, Bezirksheimatpflege Bezirk Unterfranken, Würzburg: S. 106 unten, 120 oben links
Sandra Müller, Trachtenkulturberatung Bezirk Schwaben, Krumbach: S. 117 óben
Franziska Rettenbacher, Heimatmuseum Simbach am Inn: S. 116 oben links
Josef Salbaum, Spalt: S. 113 oben rechts
Ferdinand Steffan, Heimatmuseum Wasserburg: S. 104 u. 105 oben
Monika Ständecke, Pfaffenhofen: alle anderen Abbildungen

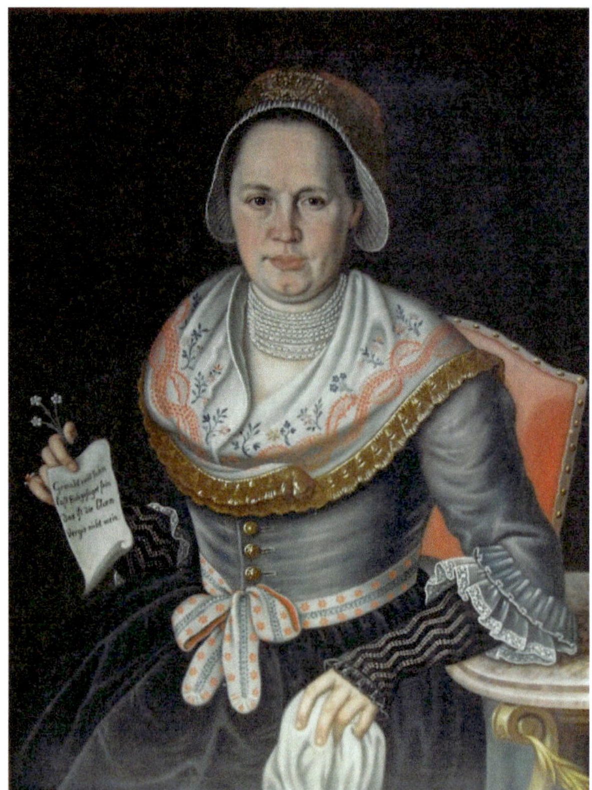

Porträt der Maria Felicitas Freidhofer von Johann Georg Delser 1796 (Heimatmuseum Wasserburg)

Porträt der Maria Felicitas Freidhofer, Detail

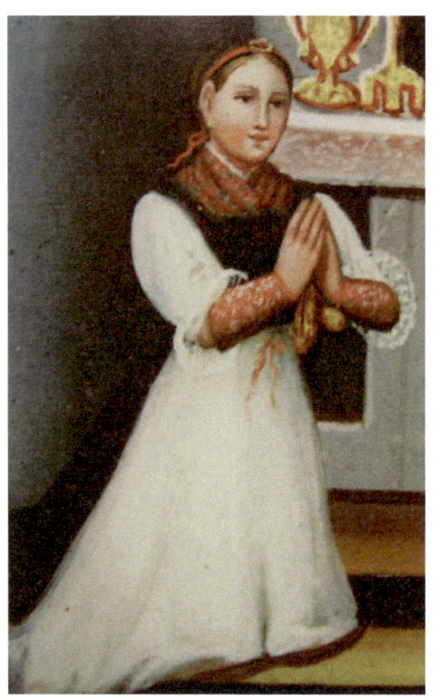

Betende in Ötztaler Tracht, Ausschnitt aus einem Votivbild von 1854 (aus: Klaus Beitl, Votivbilder, Salzburg 1973)

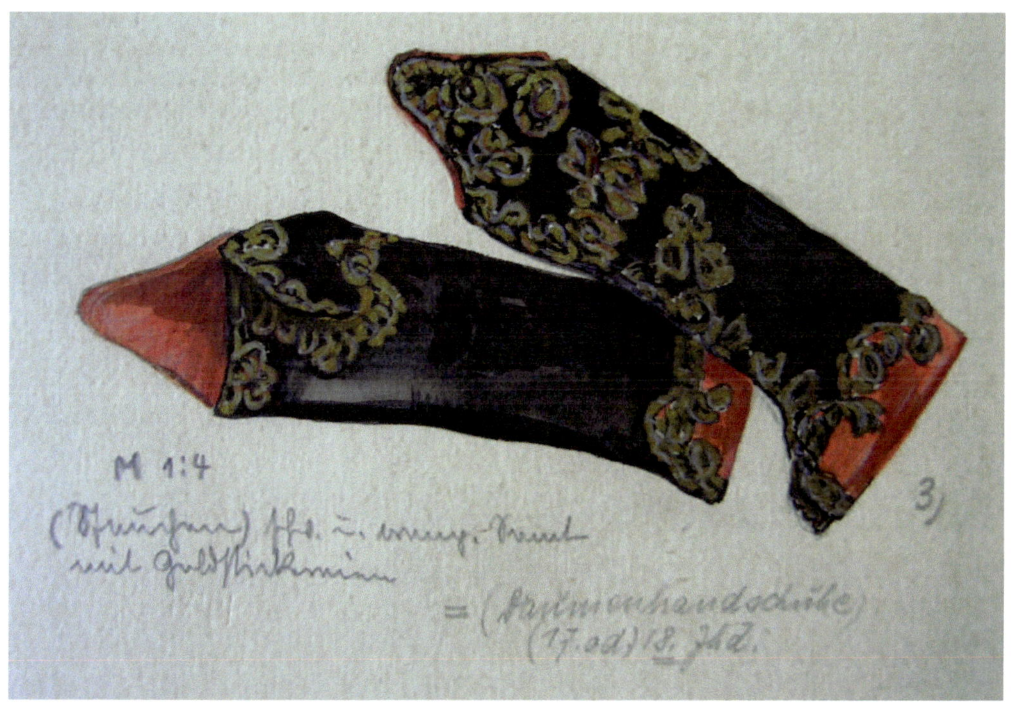

Mitaines mit Hochstickerei, gezeichnet von Margarethe Hein nach Originalen des 18. Jh. im Heimatmuseum Wasserburg

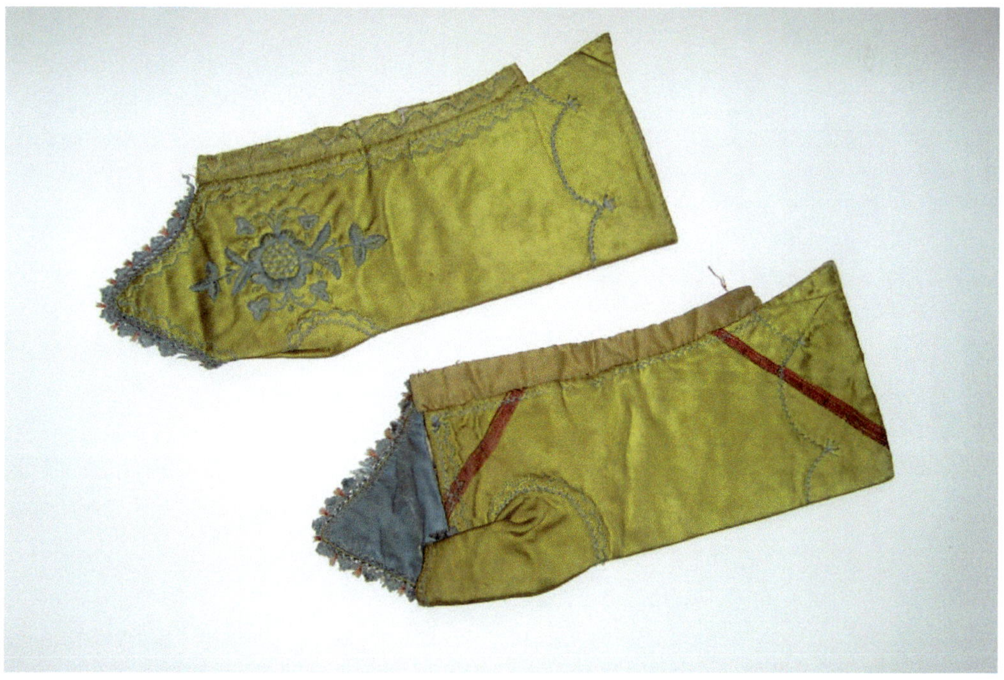

Mitaines, Seide mit Hochstickerei, 2. Hälfte 18. Jh. (Museum Barockscheune Volkach)

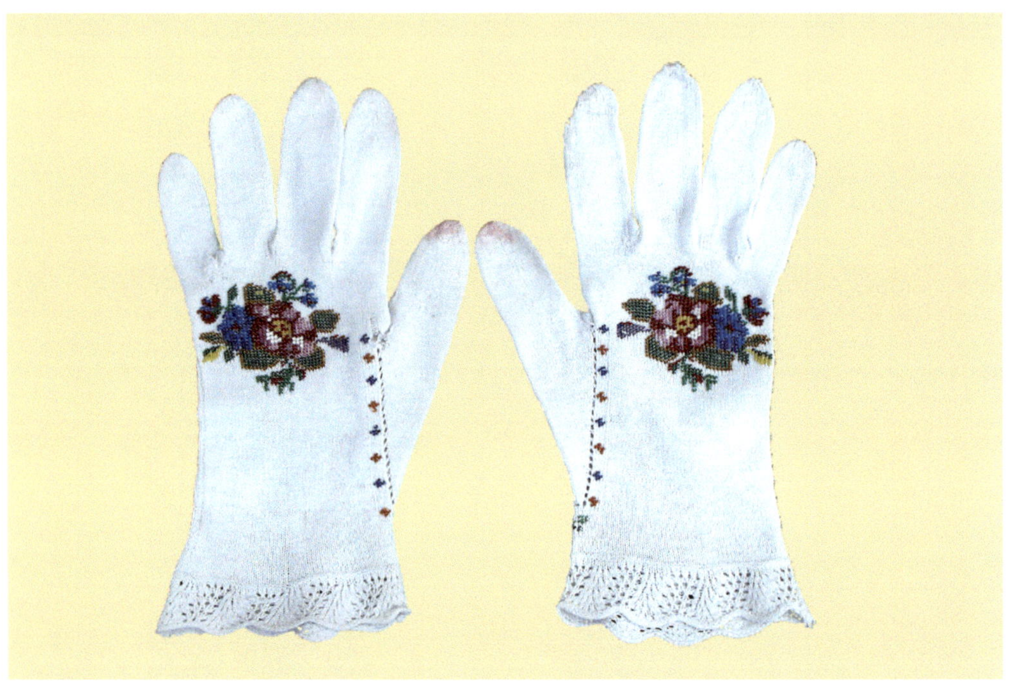

Fingerhandschuhe aus Unterfranken, Baumwolle und Glasperlen, 2. Drittel 19. Jh. (Privatbesitz)

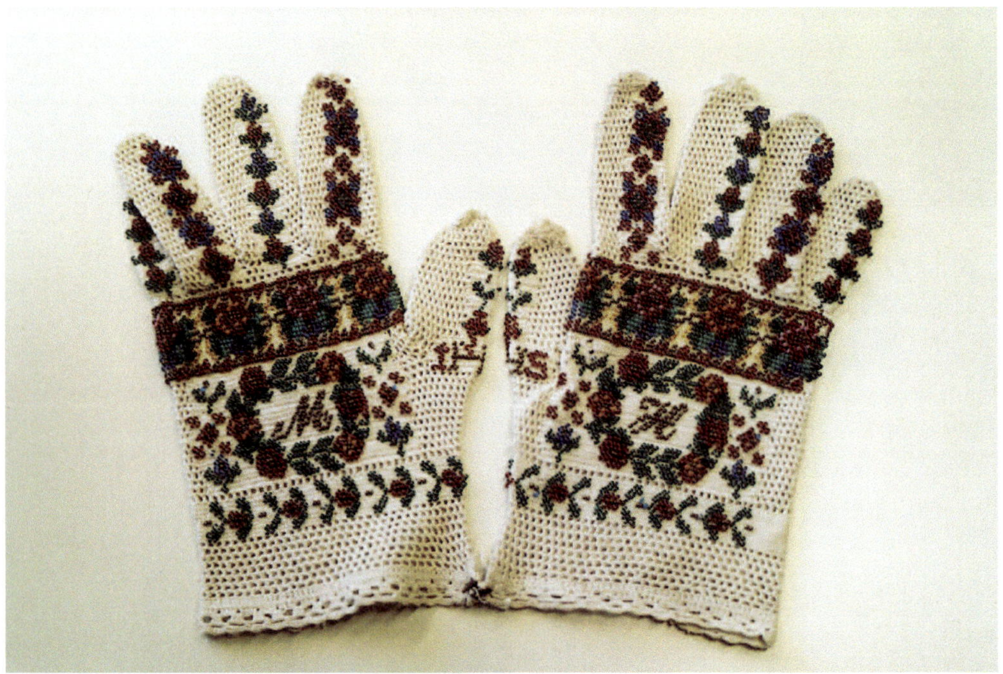

Gehäkelte Handschuhe aus dem Raum Ochsenfurt, Baumwolle mit Glas- und Metallperlen, 2. Hälfte 19. Jh. (Textilsammlungen des Bezirks Unterfranken, Aschach)

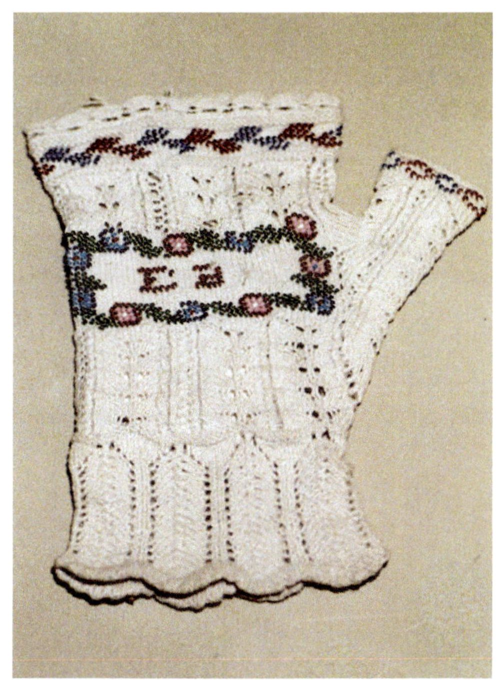

Staucher „EB“, Schenkung aus Maroldsweisach, 2. Drittel 19. Jh. (Freilandmuseum Fladungen)

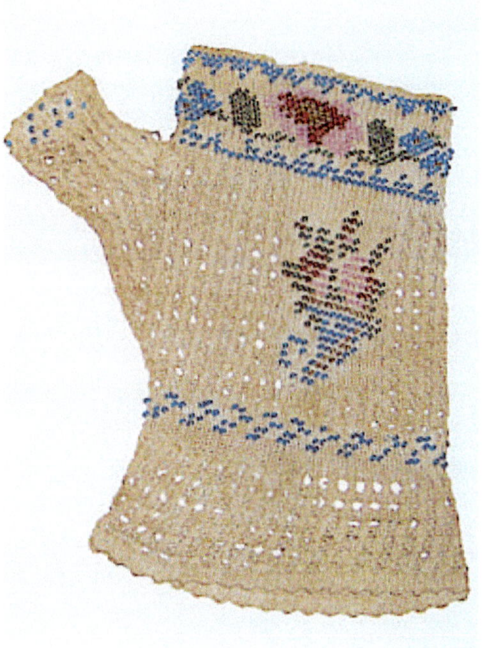

Staucher aus dem Raum Ochsenfurt, Baumwolle und Glasperlen, 2. Drittel 19. Jh. (Museum Barockscheune Volkach)

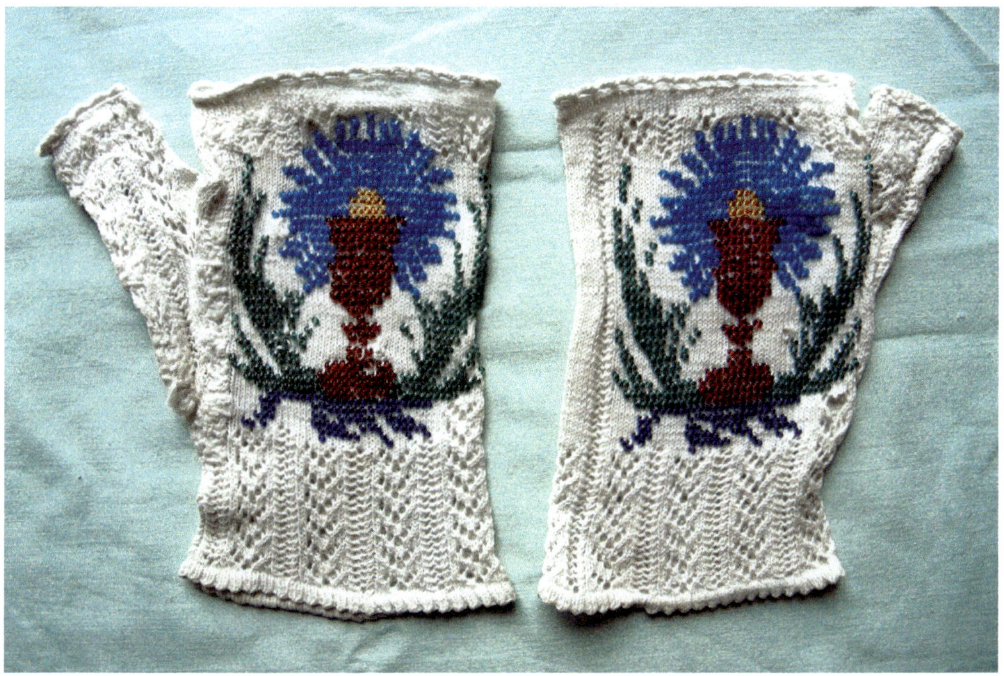

Staucher mit Kelch und Hostie im Strahlenkranz für die Fronleichnamsprozession, Raum Ochsenfurt, Baumwolle mit Glasperlen, 2. Drittel 19. Jh. (Slg. Düchs, Eichelsee)

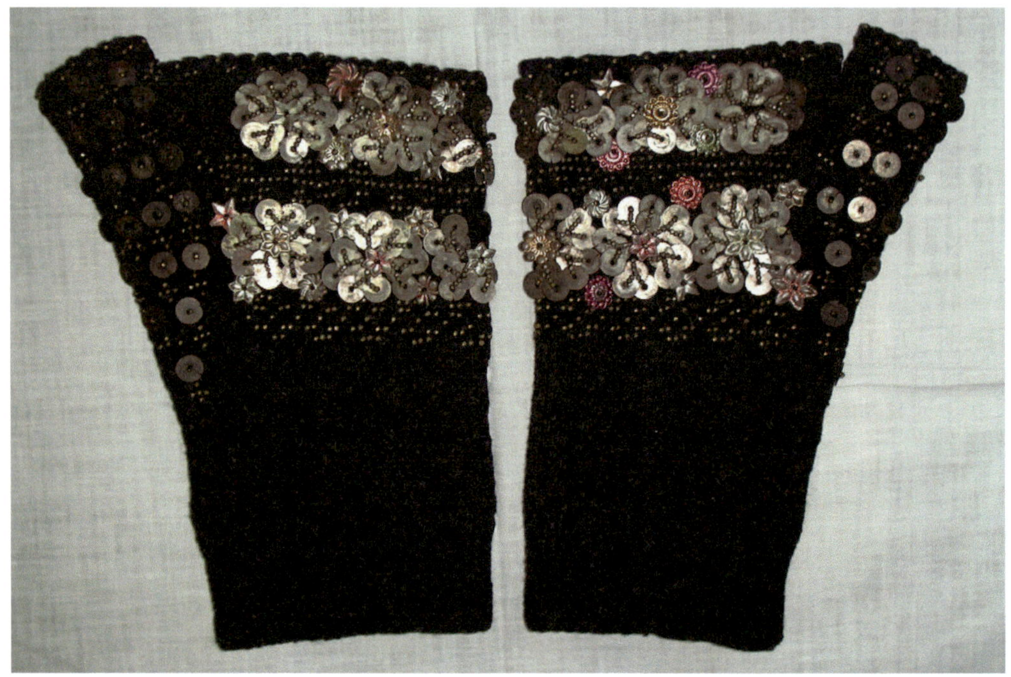

„Stöücherlich“ aus Nüdlingen, Wolle mit Metallperlen und Pailletten, Anfang 20. Jh. (Heimatmuseum Nüdlingen)

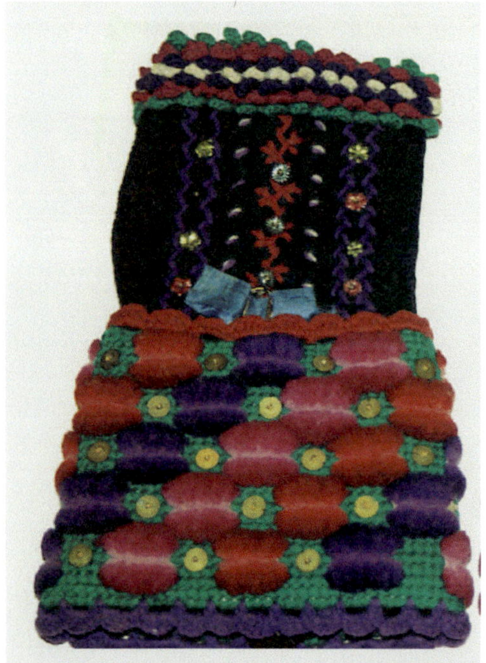

Bestickte Staucher aus Eckartshausen, Wolle, Pailletten, Metallperlen, Schließe und Seidenschleife, Ende 19./Anf. 20. Jh. (Slg. Reinhart, Eckartshausen)

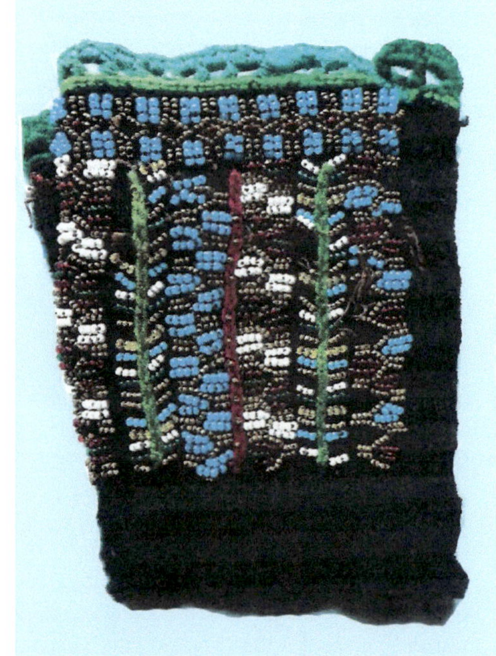

Bestickte Staucher aus dem Raum Ochsenfurt, Wolle, Glas- und Metallperlen, Ende 19./Anfang 20. Jh. (Slg. Düchs, Eichelsee)

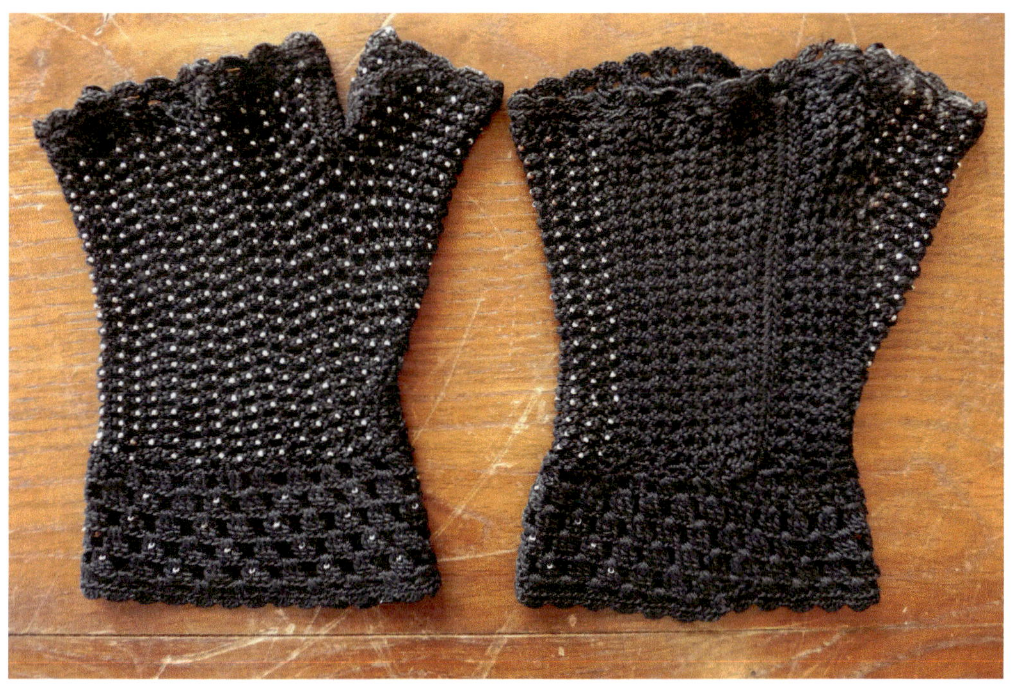

Gestrickte Netzhandschuhe mit gehäkelten Manschetten aus Bergrheinfeld, 2. Viertel 20. Jh. (Privatbesitz)

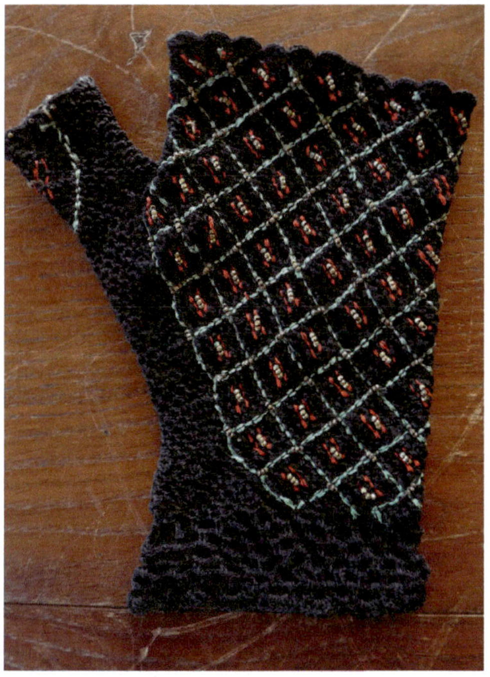

Gehäkelte Netzhandschuhe aus dem Raum Ochsenfurt, bestickt mit Metallperlen, Ende 19./Anfang 20. Jh. (Slg. Düchs, Eichelsee)

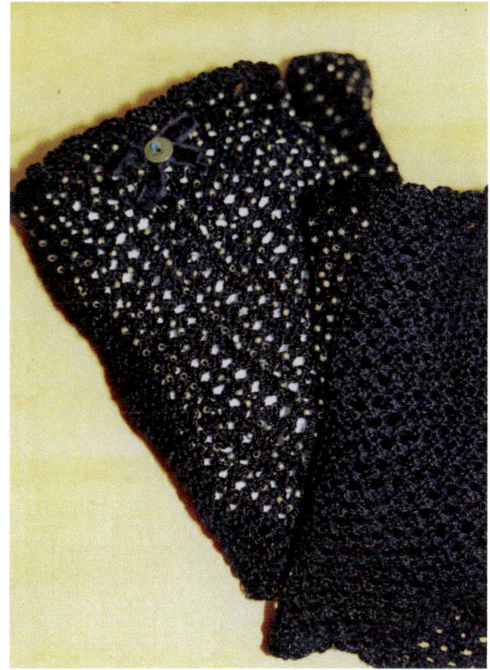

Gestrickte Staucher von Jula Schmittfull aus Bergrheinfeld mit Metallperlen und Samtschleife, 2. Viertel 20. Jh. (Privatbesitz)

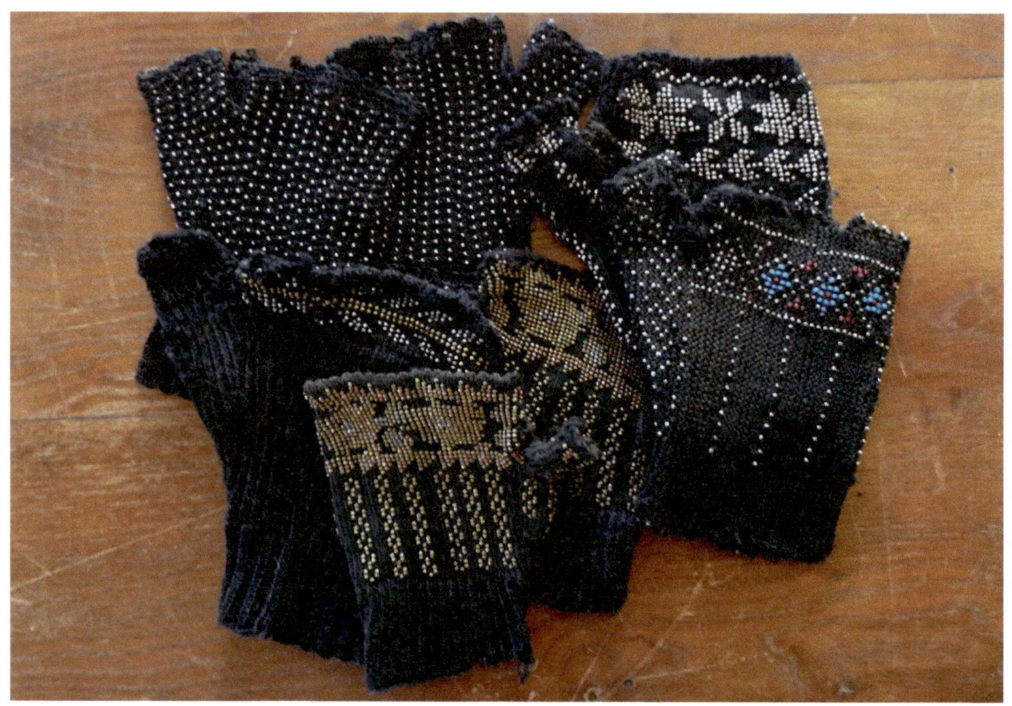

Staucher aus Bergrheinfeld, 1. Drittel 20. Jh. (Privatbesitz)

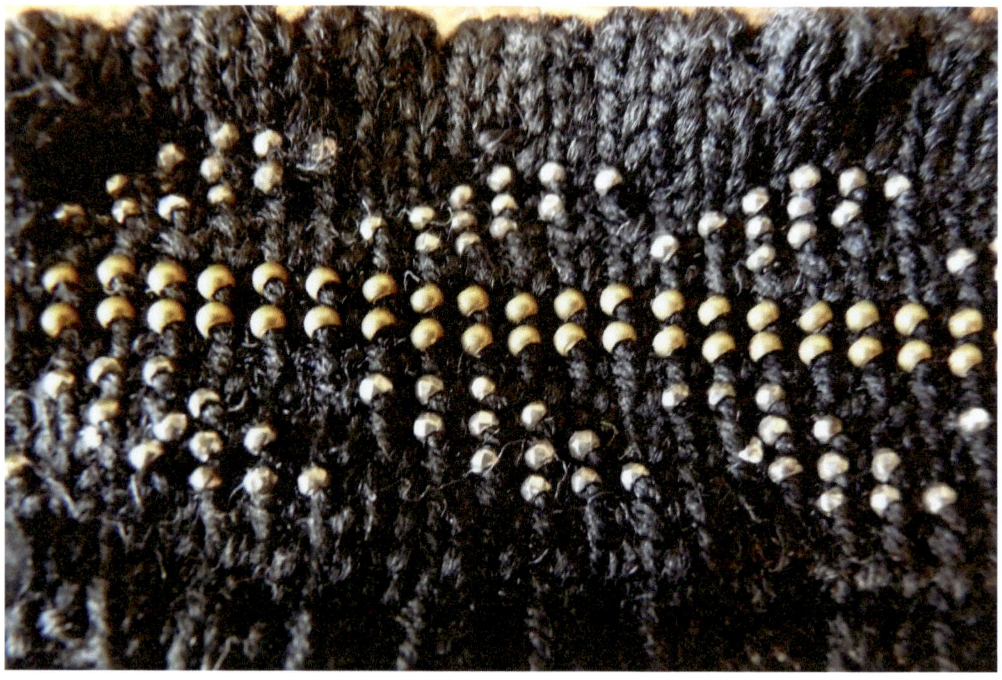

Detail mit runden Messingperlen und facettierten Stahlperlen

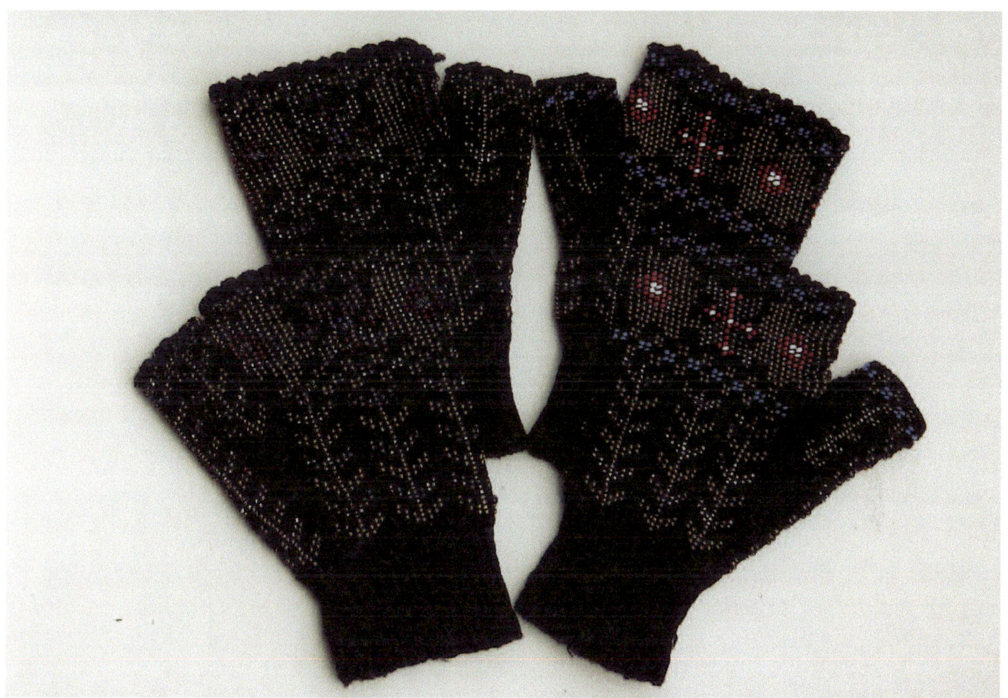

Staucher von Julie Walther aus Bergrheinfeld, Wolle mit Glas- und Metallperlen, 1. Hälfte 20. Jh. (Privatbesitz)

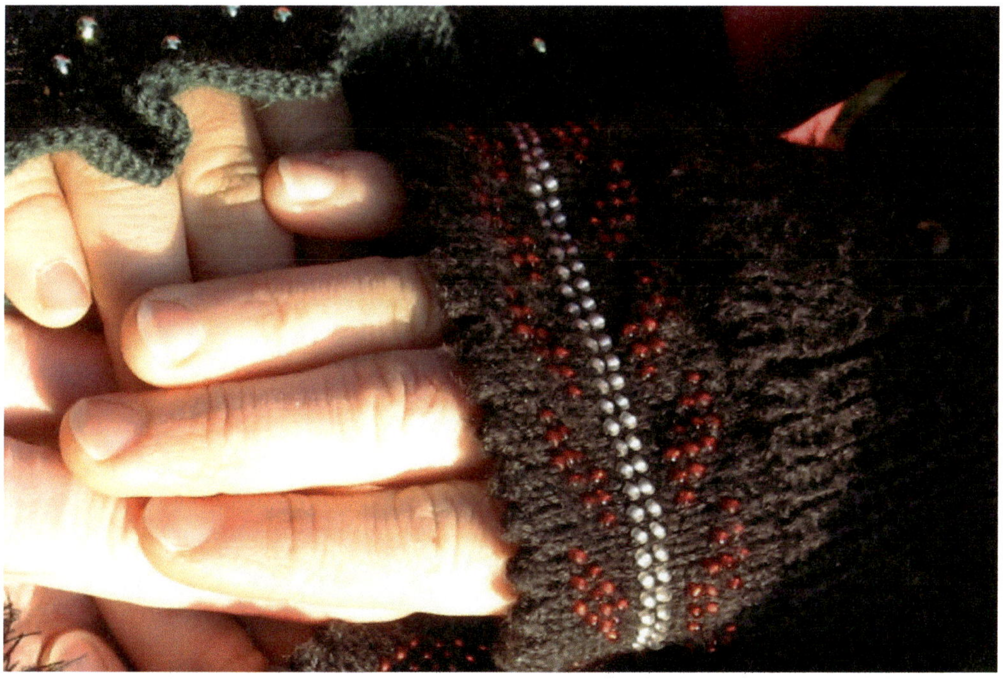

Staucher nach der Vorlage Bergrheinfeld VII (S. 67), gestrickt von Cornelia Pfab-Hillerbrand 2008

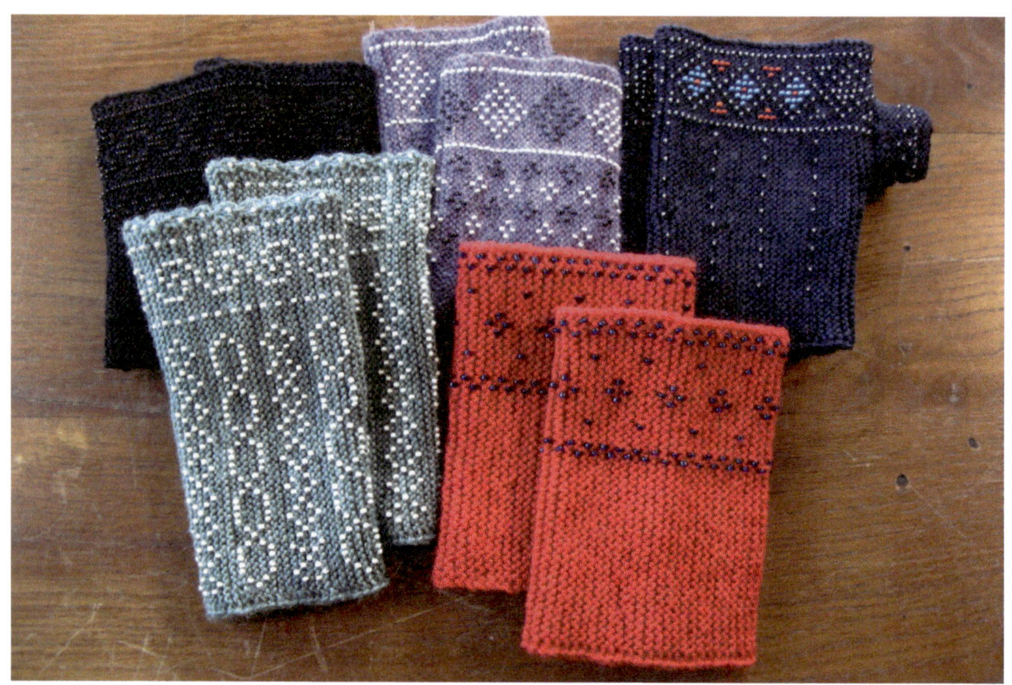

Staucher nach den Vorlagen Senftenberg/Spremberg II (S. 44), Delden (S. 27), Bergrheinfeld I (S. 24), Hoyerswerda I (S. 32) und Schwäbische Alb (S. 42), gestrickt von Monika Ständecke 2010

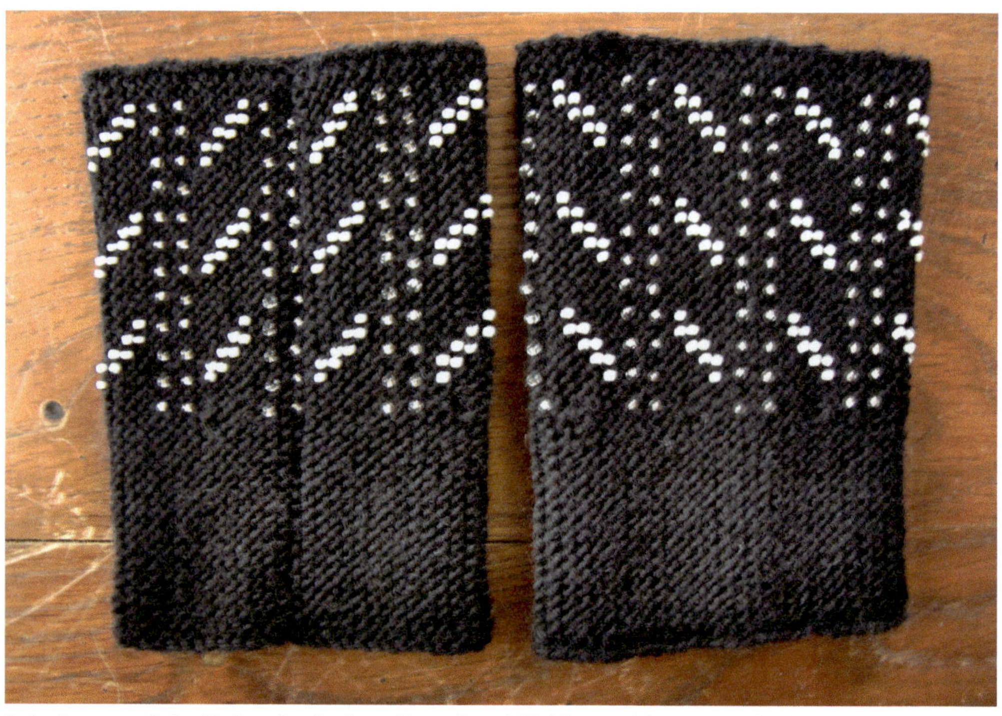

Pulswärmer nach der Vorlage Senftenberg/Spremberg I (S. 43), gestrickt von Monika Ständecke 2010

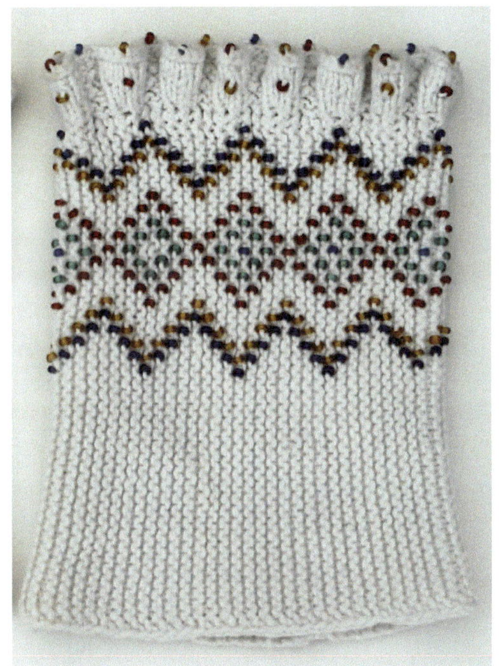

Staucher aus dem Raum Nürnberg, Baumwolle mit Glasperlen, Ende 19. / Anfang 20. Jh. (Privatbesitz)

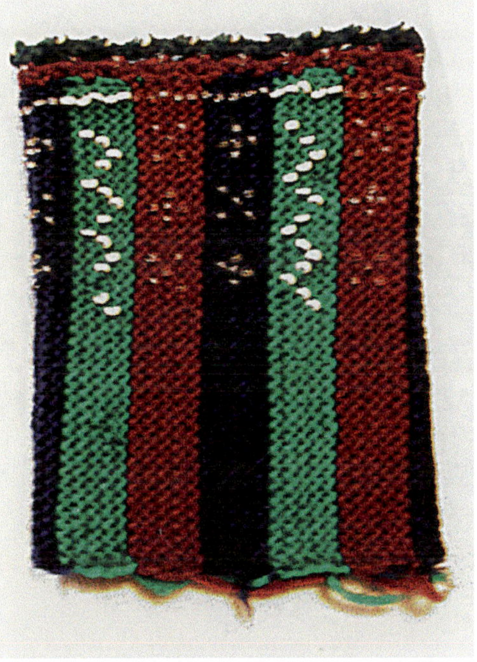

Staucher aus Weißenburg/Gunzenhausen, Wolle mit Glasperlen, 1. Hälfte 20. Jh. (Slg. Salbaum, Spalt)

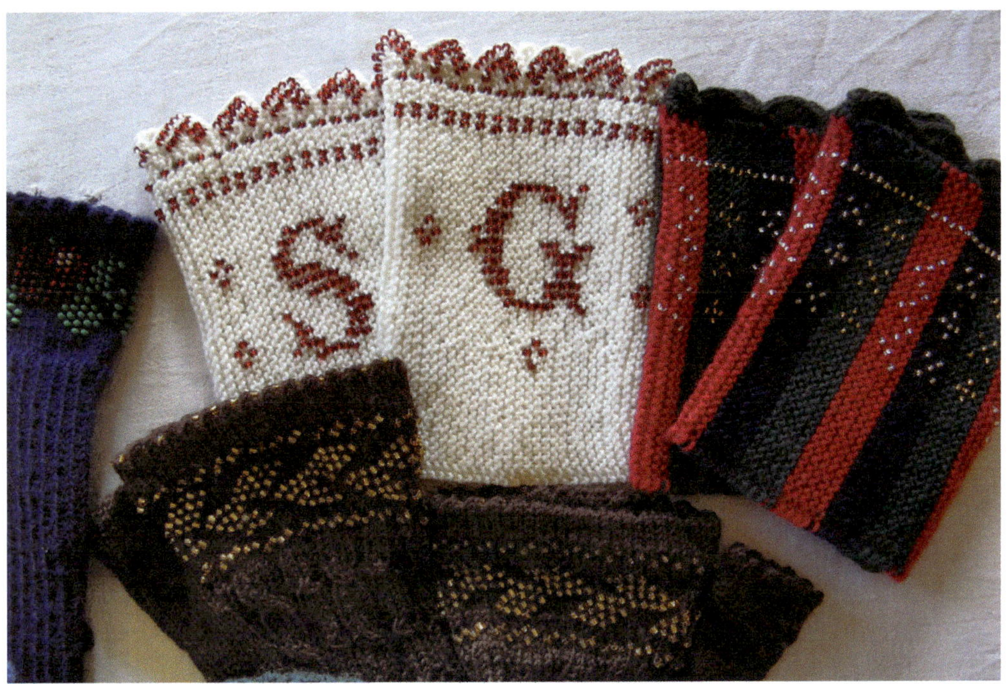

Staucher nach den Vorlagen Rosen (S. 95), Hirschhausen (S. 35), Spalt I (S. 48) und Vasbühl I (S. 84), gestrickt von Helga Ständecke und Edith Werner 2009

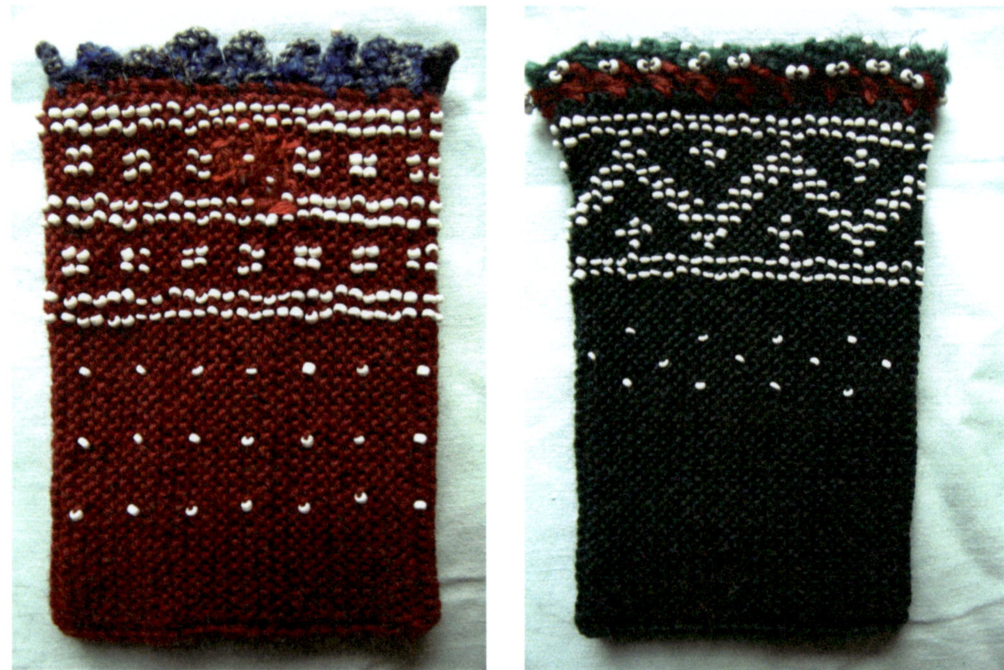

Pulswärmer für den Werktag aus Stalldorf, Raum Ochsenfurt, Wolle mit Glasperlen, Mitte 20. Jh. (Slg. Düchs, Eichelsee)

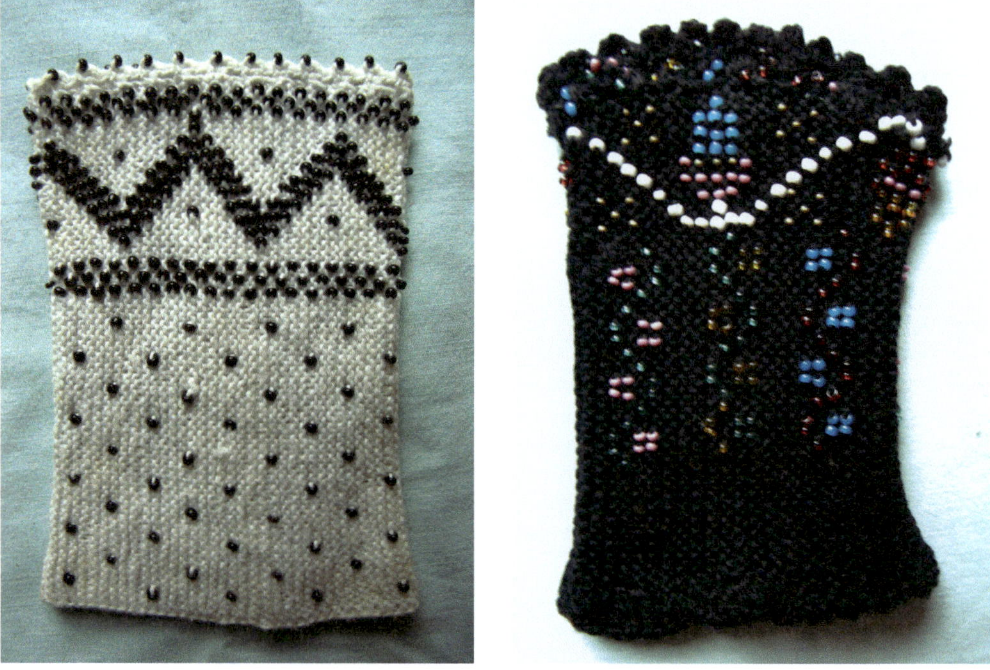

Ungewöhnliche Pulswärmer aus dem Raum Ochsenfurt, rechts aus Baumwolle mit sehr kleinen Perlen und Perlenpikots (Anleitung S. 21), Ende 19. Jh., links aus Wolle mit Rankenmuster, 1. H. 20. Jh. (Slg. Düchs, Eichelsee)

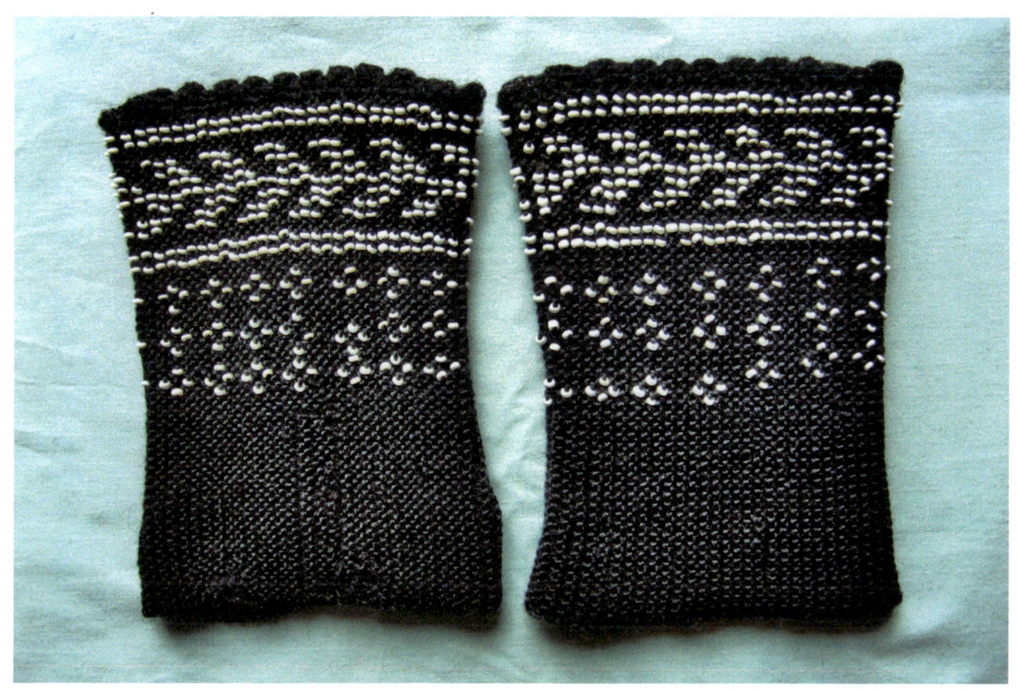

Pulswärmer aus dem Raum Ochsenfurt, Wolle mit Glasperlen, Mitte 20. Jh. (Slg. Düchs, Eichelsee)

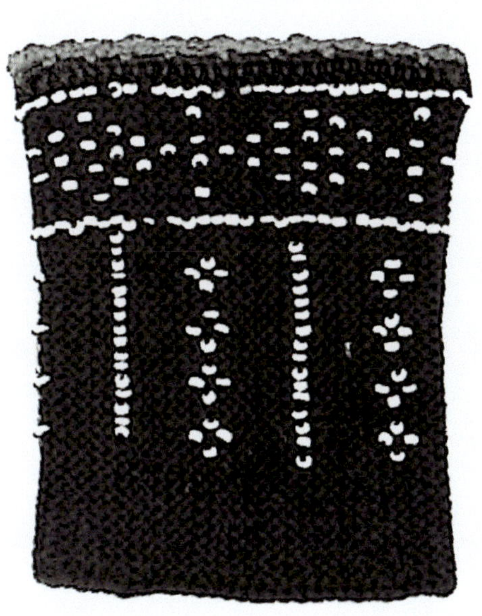

Pulswärmer, Wolle mit Glasperlen, 19. Jh. (Museum Barockscheune Volkach)

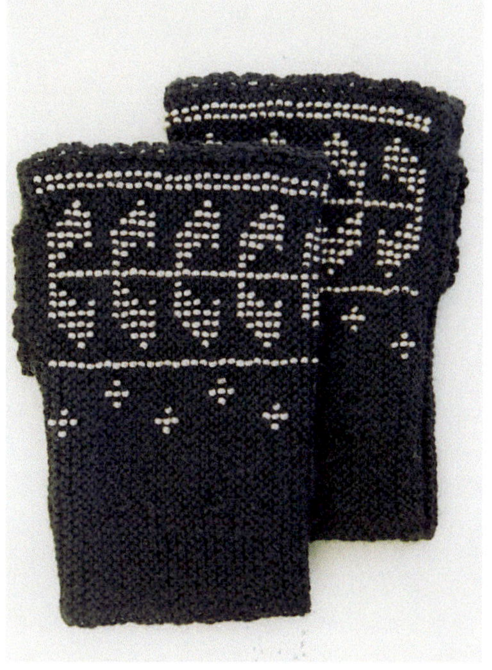

Staucher nach der Vorlage aus Weisbach (S. 56), gestrickt von Helga Ständecke 2004

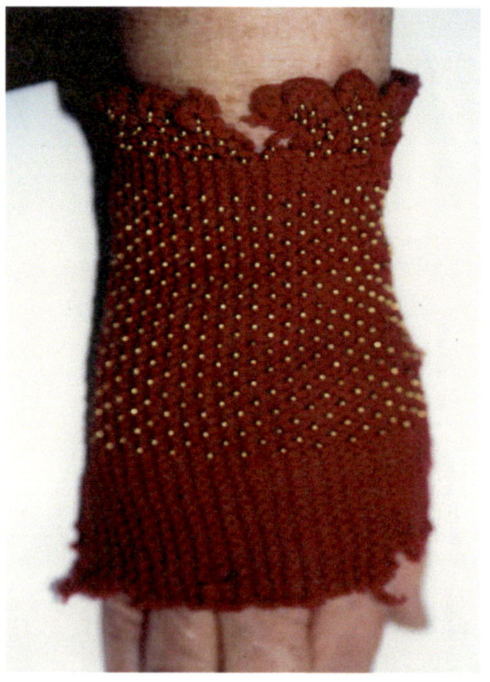

Pulswärmer aus Simbach am Inn, Wolle mit Metallperlen, Ende 19./Anfang 20. Jh. (Heimatmuseum Simbach am Inn)

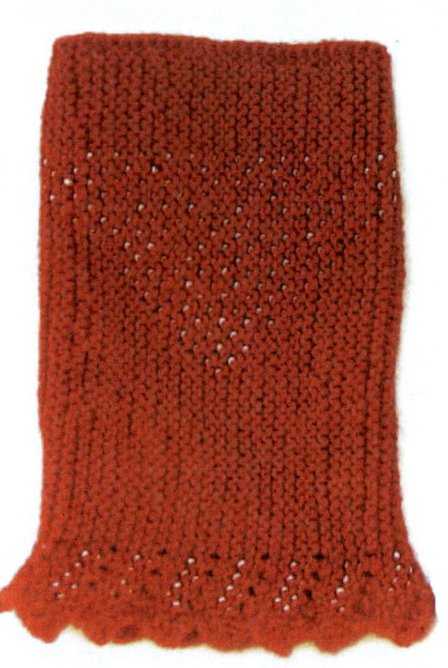

Pulswärmer nach der Vorlage Simbach (S. 44), gestrickt von Edith Werner 2003

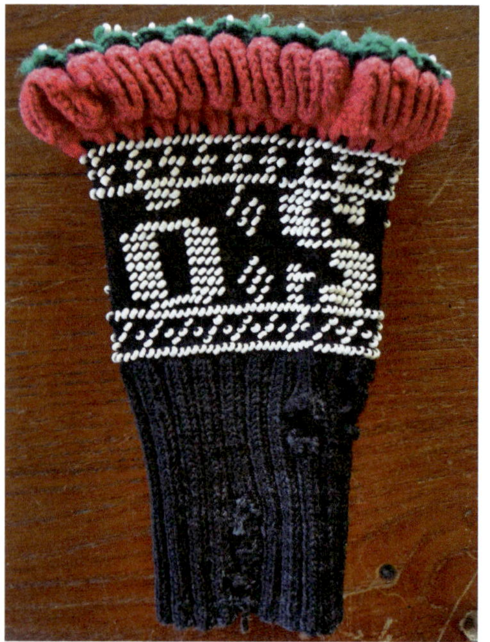

Pulswärmer aus Riedenheim, Raum Ochsenfurt, mit Häkelrüsche und Perlenpikots, Wolle mit Glasperlen, 1. Hälfte 20. Jh. (Slg. Düchs, Eichelsee)

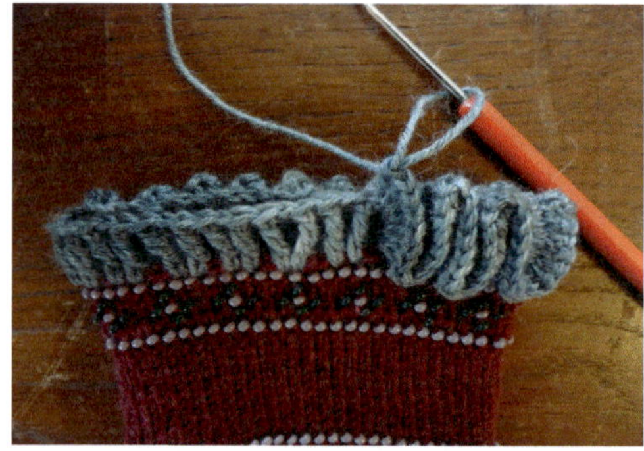

Detail zur Häkelrüsche (Anleitung S. 21)

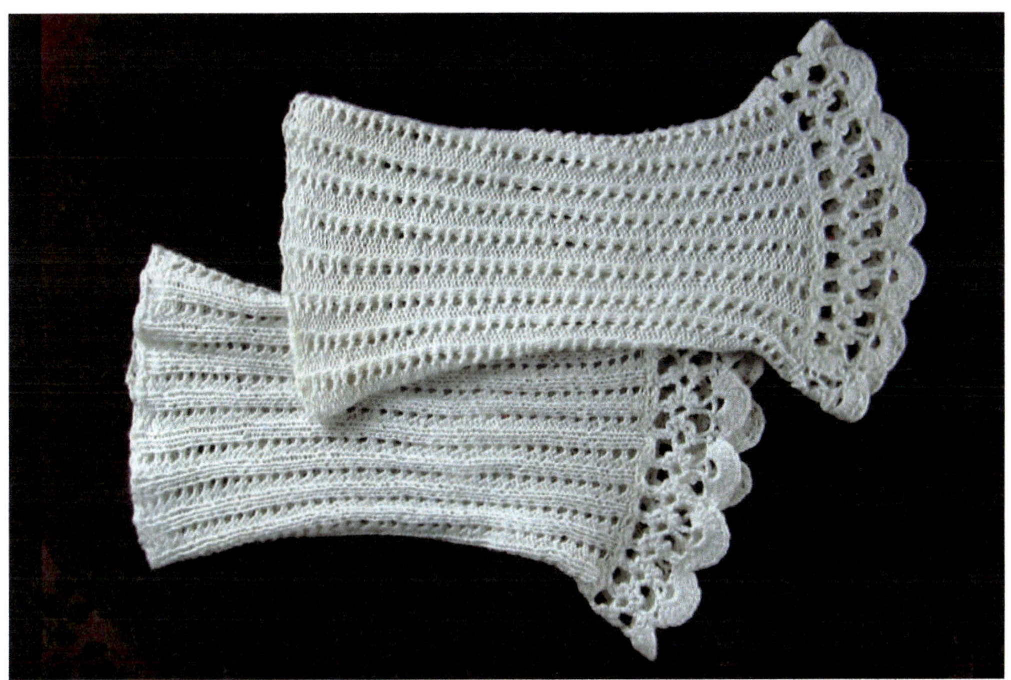

Manschetten aus Krumbach, Baumwolle, rundgestrickt mit Häkelspitze, 19. Jh. (Trachtenkulturberatung des Bezirks Schwaben, Krumbach)

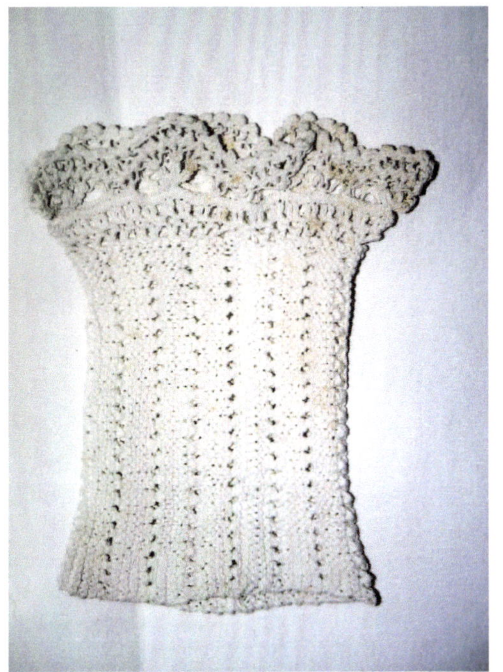

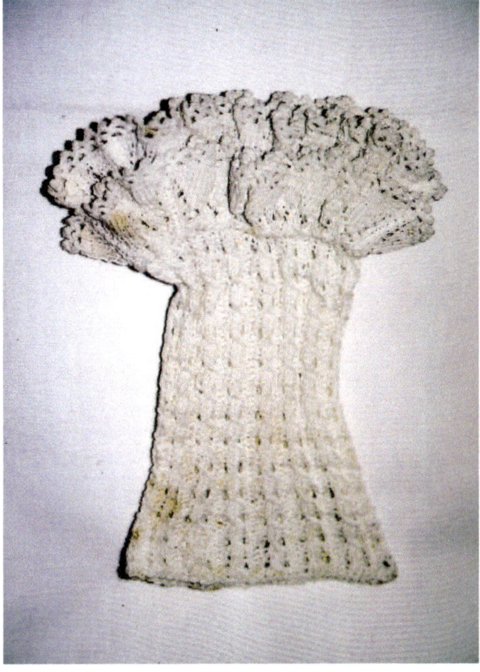

Manschetten von Anna Maria Haaf (1815–1889) aus Buch, Baumwolle, links quergestrickt mit Häkelspitze, rechts rundgestrickt mit Strickrüsche und Häkelspitze (Kirchenburgmuseum Mönchsondheim)

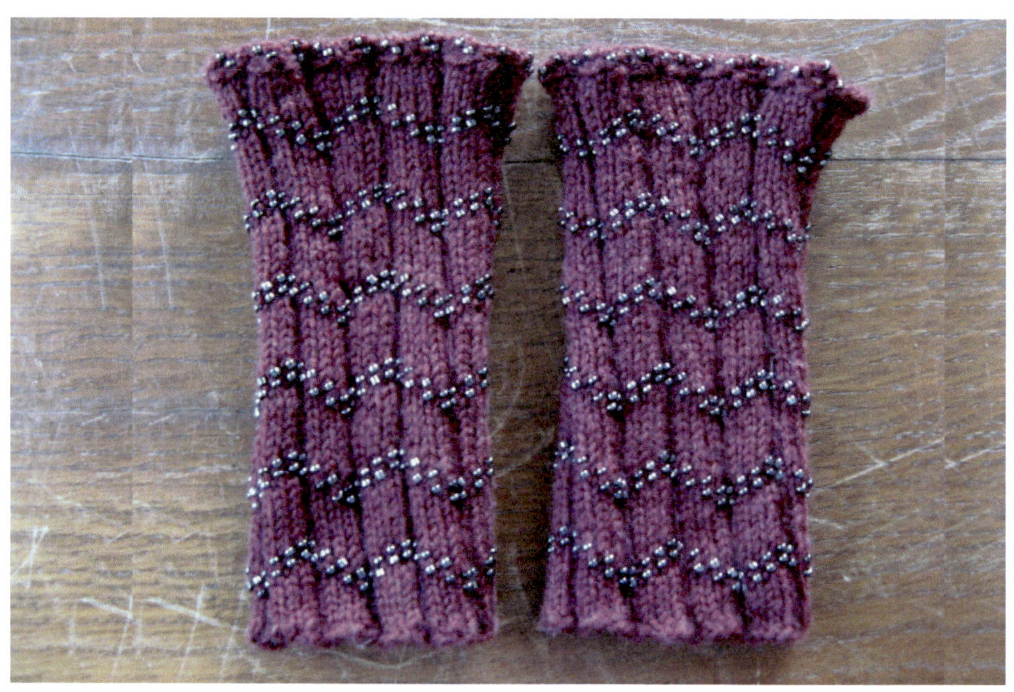

Pulswärmer nach der Vorlage Hoyerswerda III (S. 74), gestrickt von Monika Ständecke 2009

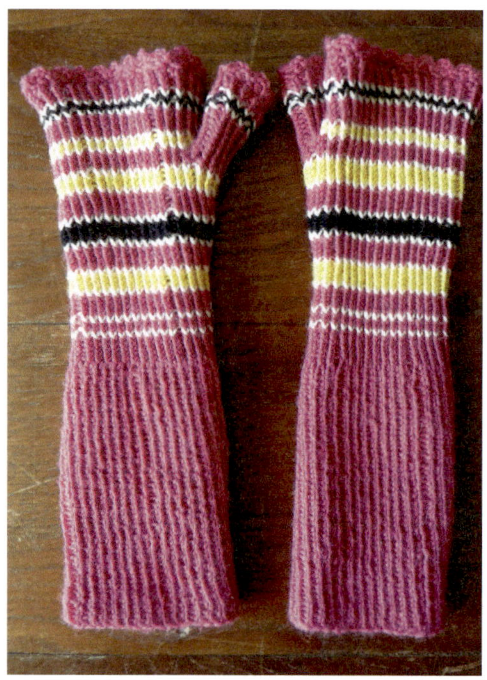

Armstulpen nach der Vorlage Jänschwalde (S. 58), gestrickt von Monika Ständecke 2009

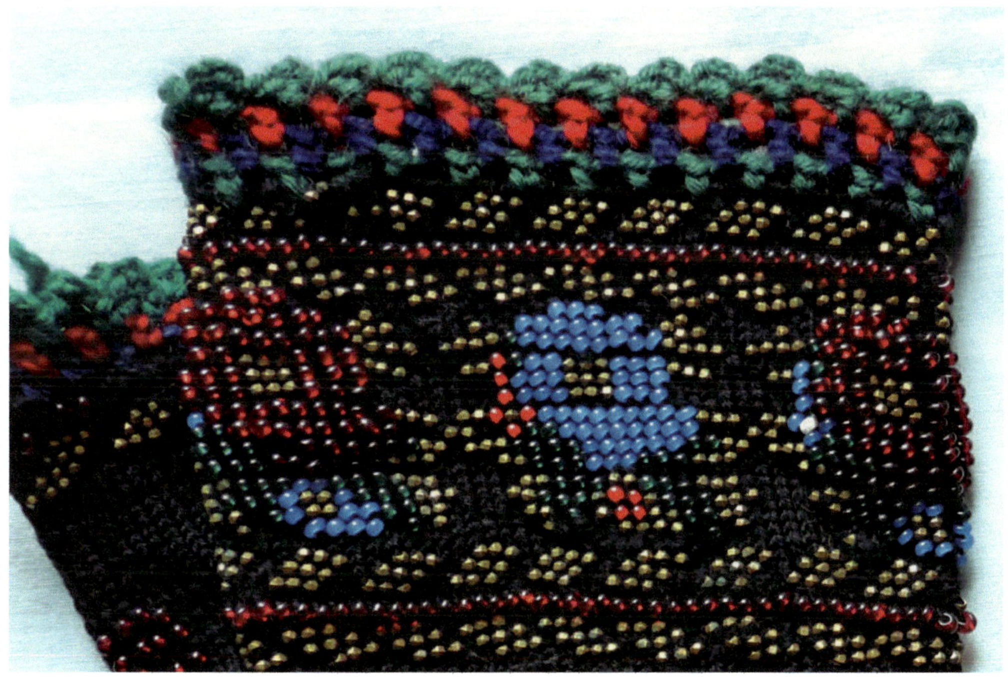

Detail mit Blumenmuster und mehrfarbiger Häkelkante

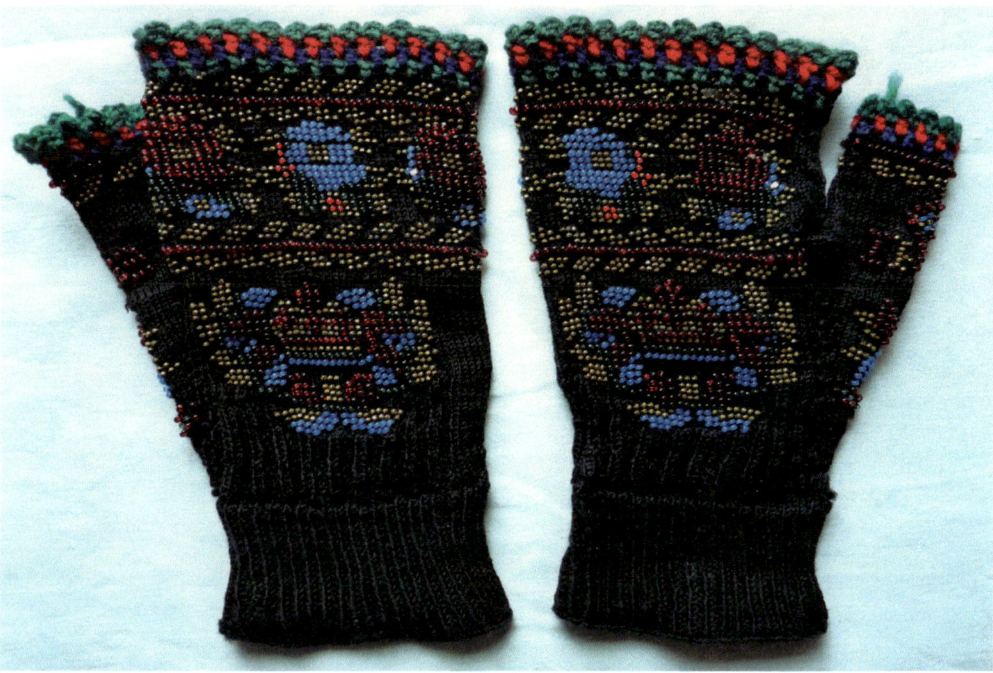

Staucher aus dem Raum Ochsenfurt, Wolle mit Glasrocailles und facettierten Metallperlen, 2. Hälfte 19. Jh. (Slg. Düchs, Eichelsee)

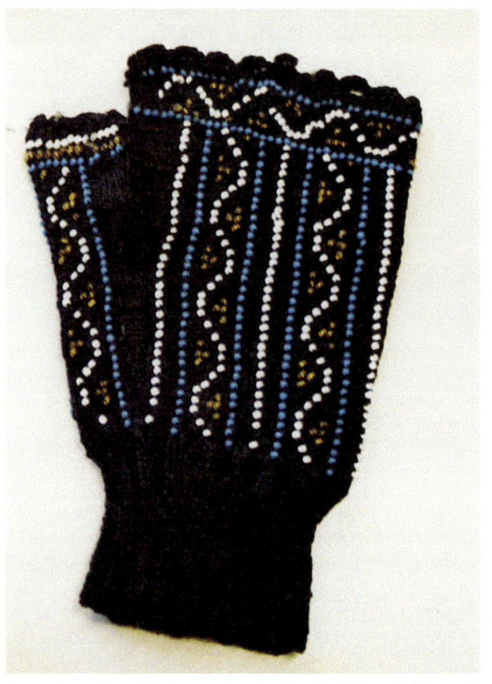

Staucher der Vorlage Aschach (S. 58), Wolle mit Glasperlen, 1. Hälfte 20. Jh. (Textilslg. des Bezirks Unterfranken, Aschach)

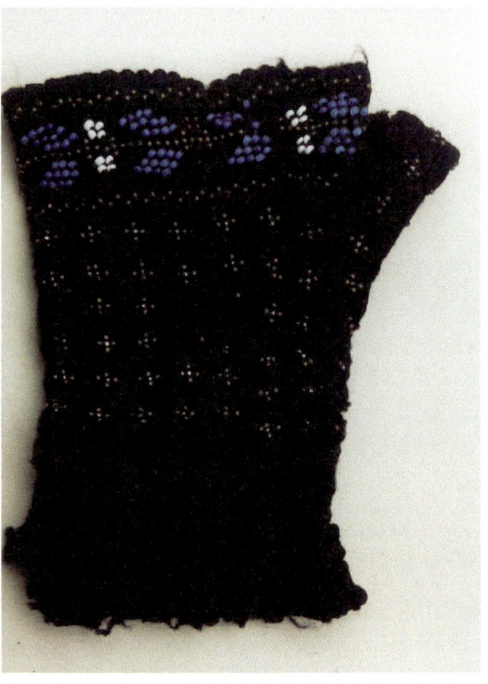

Staucher zu Bergrheinfeld VI (S. 66), Wolle mit Glas- und Metallperlen, Mitte 20. Jh. (Privatbesitz)

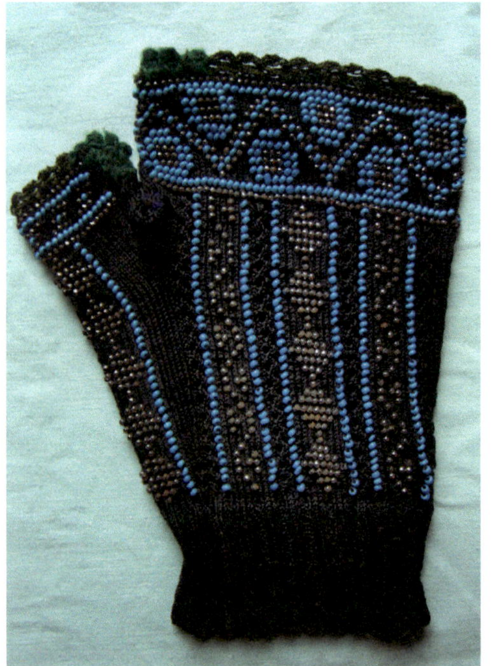

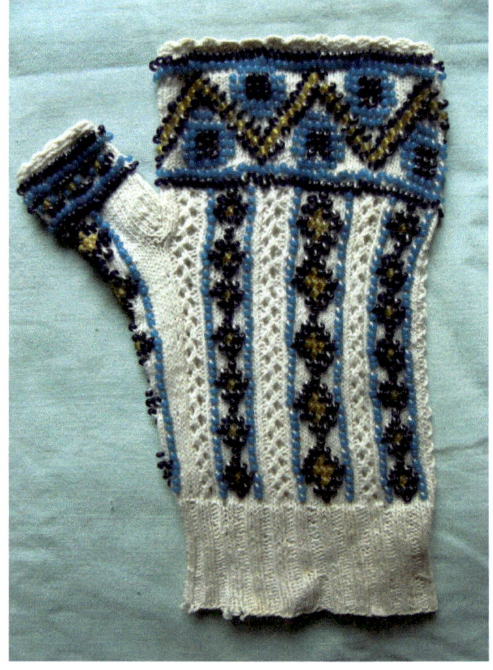

Staucher aus dem Raum Ochsenfurt, Varianten zur Vorlage Volkach II (S. 87), rechts Baumwolle mit Glasperlen, Mitte 20. Jh., links Wolle mit Glas- und Metallperlen, 1. Viertel 20. Jh. (Slg. Düchs, Eichelsee)

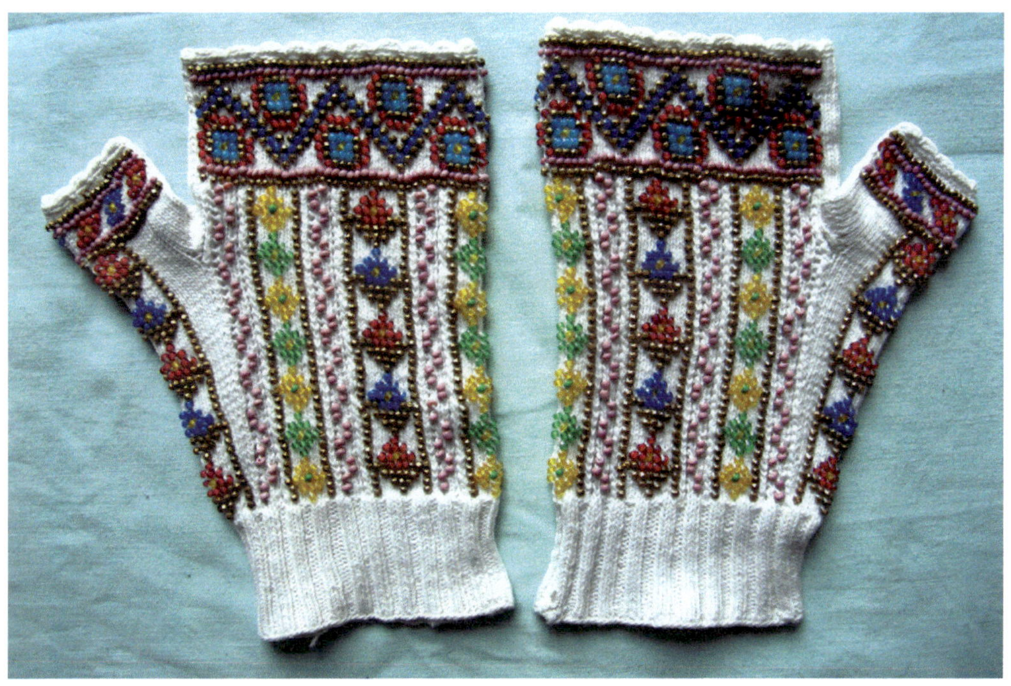

Staucher aus dem Raum Ochsenfurt, Variante zu Volkach II (S. 87), Baumwolle mit Glas- und facettierten Metallperlen, 1. Hälfte 20. Jh. (Slg. Düchs, Eichelsee)

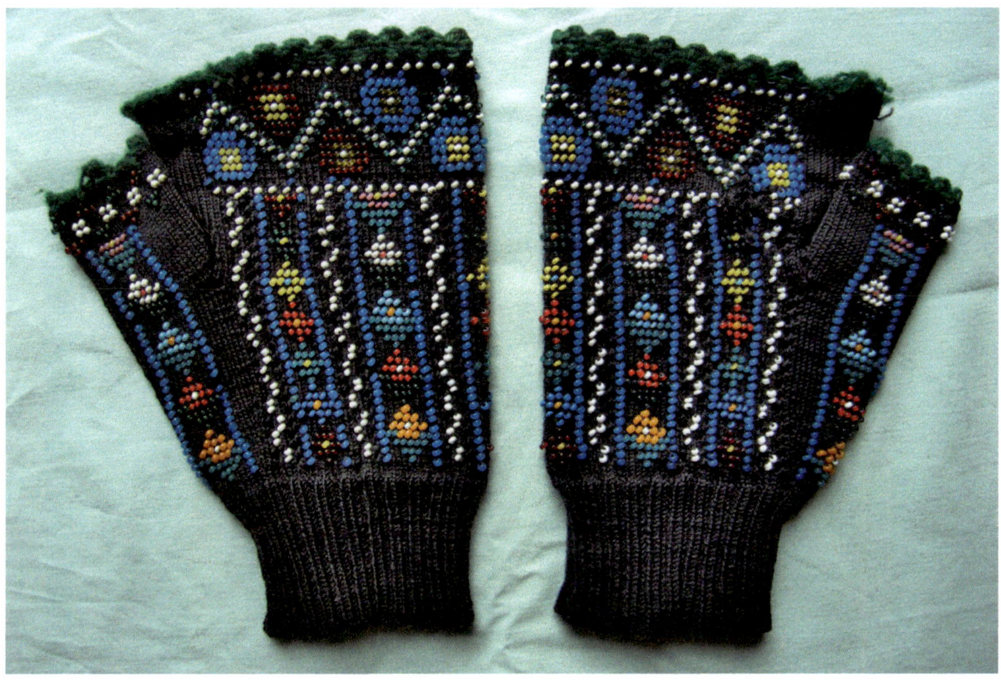

Staucher aus dem Raum Ochsenfurt, Variante zu Volkach II (S. 87), Wolle mit Glasperlen, Mitte 20. Jh. (Slg. Düchs, Eichelsee)

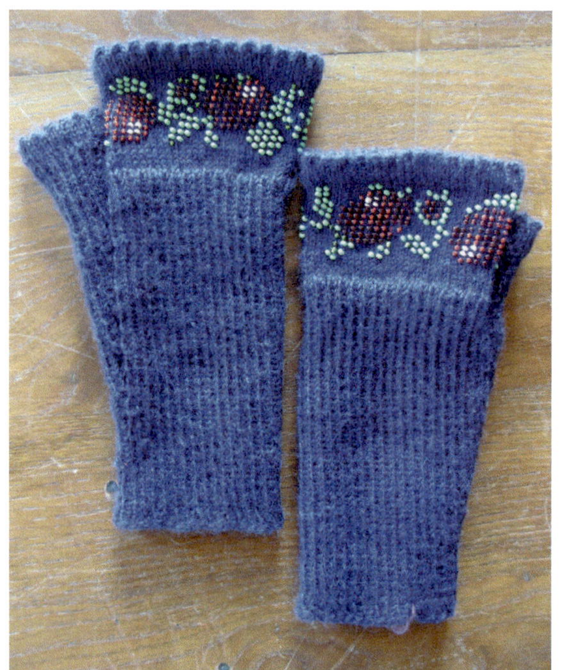

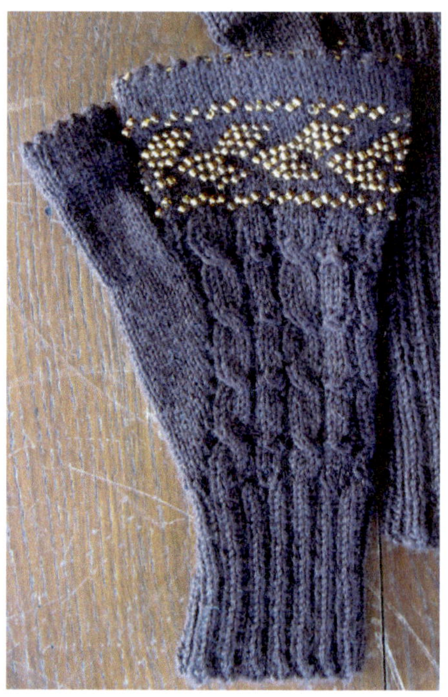

Staucher nach den Vorlagen Rosen (S. 95) und Vasbühl II (S. 84), gestrickt von Helga Ständecke 2009

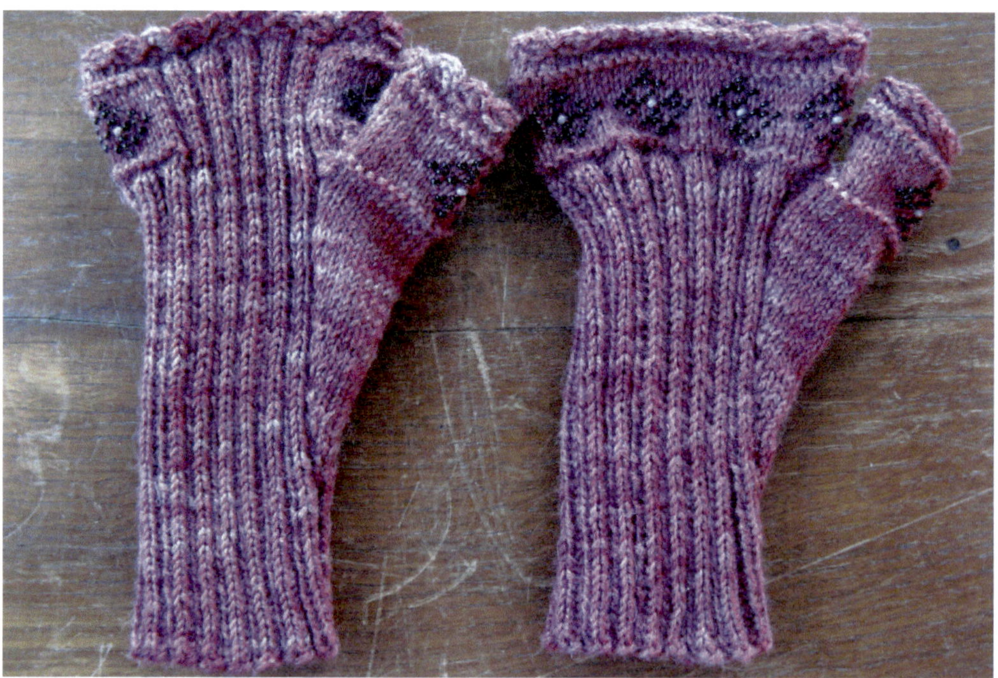

Staucher mit einfacher Bordüre (S. 97) und gehäkelter Bogenkante (S. 21), gestrickt von Monika Ständecke 2009

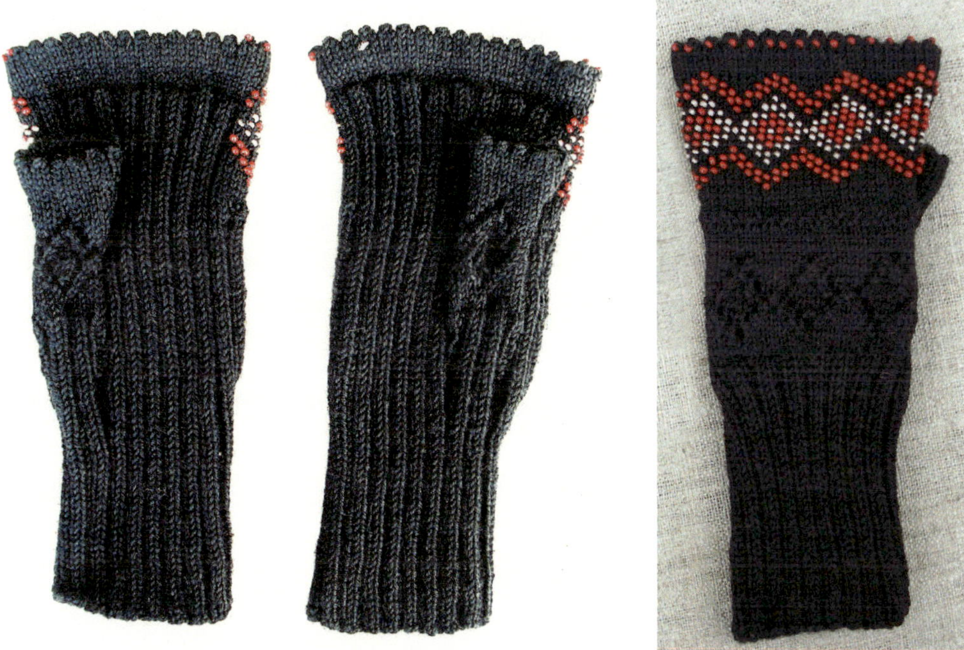

Rundgestrickte Staucher mit Perlenmuster der Vorlage Ostpreußen (S. 41) und Mausezähnchen (S. 20), Baumwolle mit Glasperlen, gestrickt von Helga Ständecke 2009

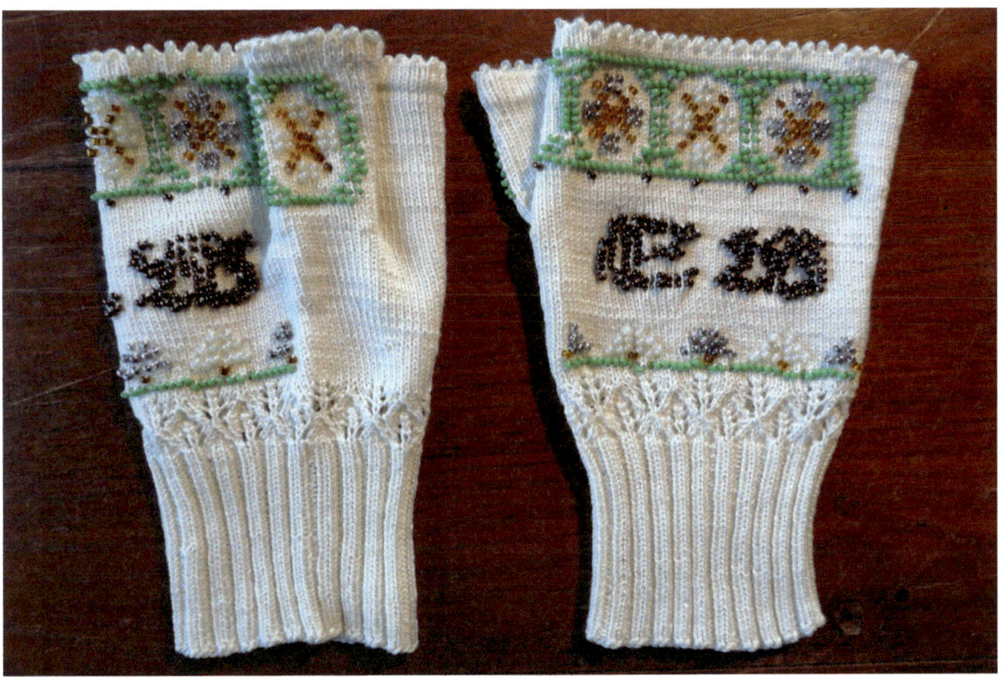

Staucher mit Lochmuster und Monogramm nach der Vorlage Greßthal (S. 72), Baumwolle mit Glasperlen, gestrickt von Helga Ständecke 2002

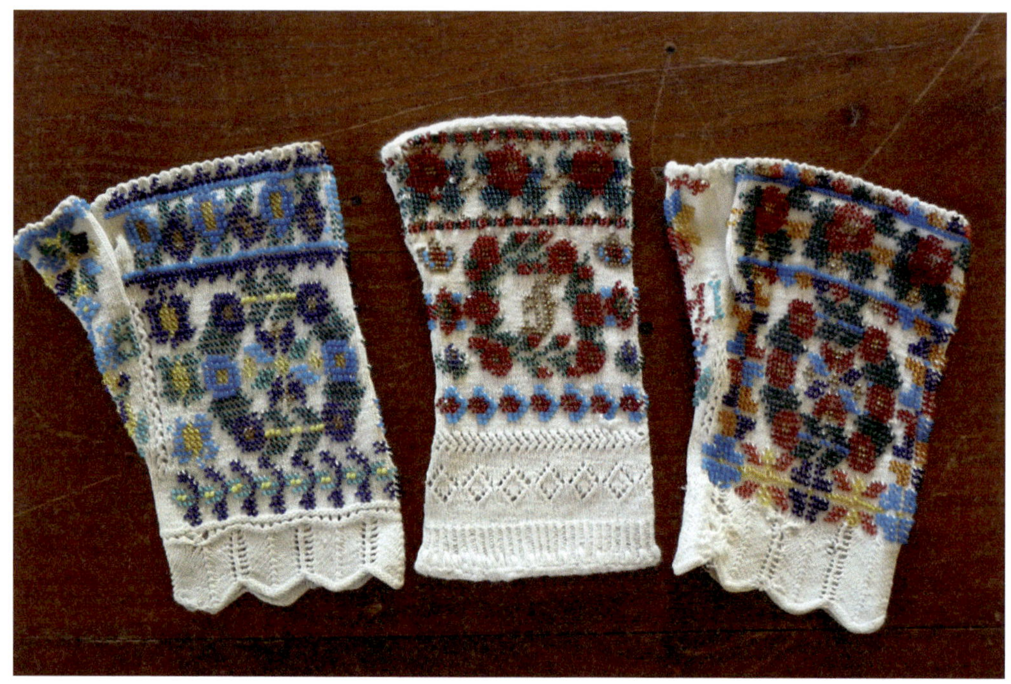

Staucher für höchste Festtage aus dem Raum Ochsenfurt, Blautöne (links) gehörten zur Zeit der Abtrauer, das Monogramm (Mitte) zur Hochzeit, Wolle mit Glas- und Metallperlen, 1. Hälfte 20. Jh. (Slg. Düchs, Eichelsee)

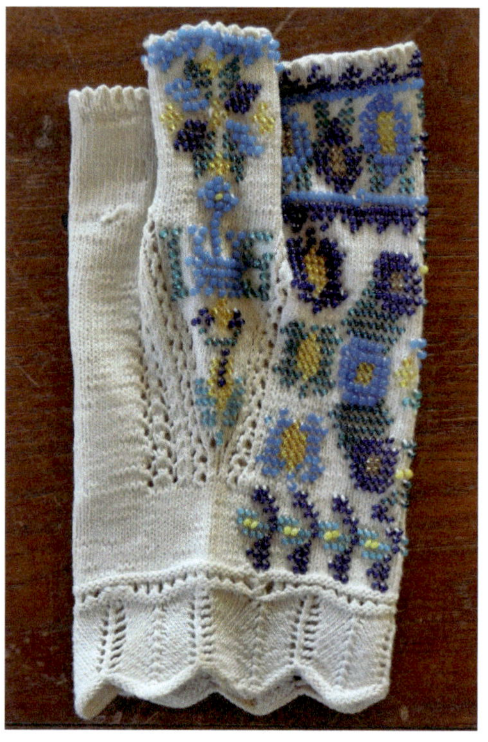

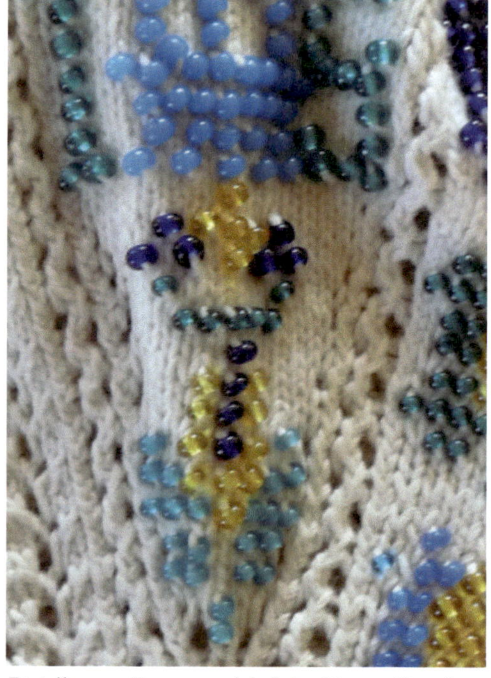

Details zum Daumenspickel des blauen Stauchers (oben links)

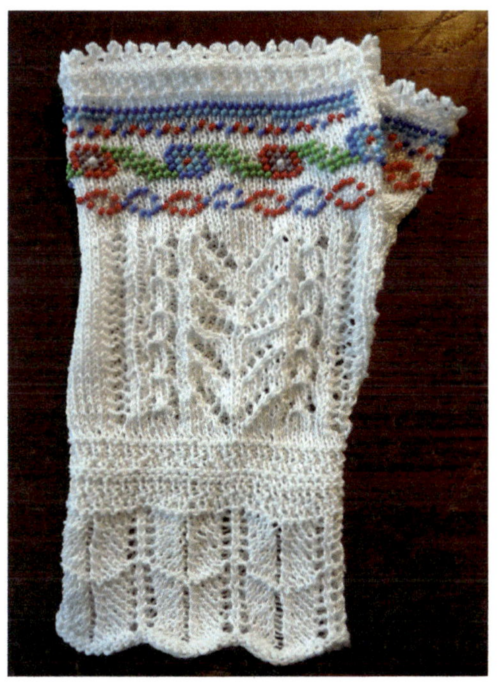
Staucher mit Bordüren (S. 96) und Lochmuster (S. 100), gestrickt von Monika Ständecke 2010

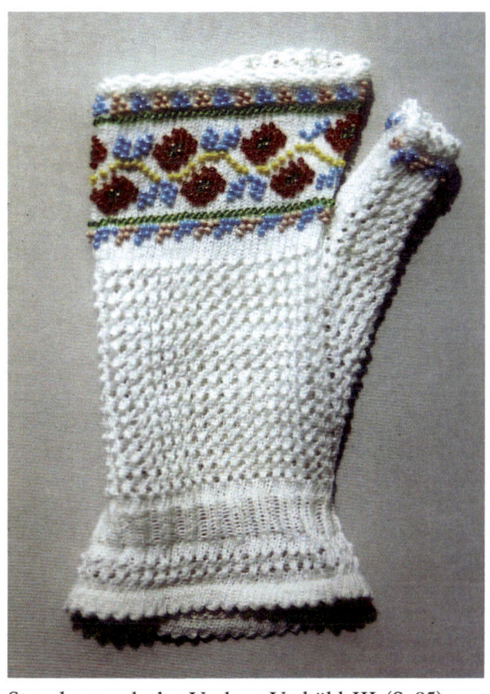
Staucher nach der Vorlage Vasbühl III (S. 85), gestrickt von Helga Ständecke 2001

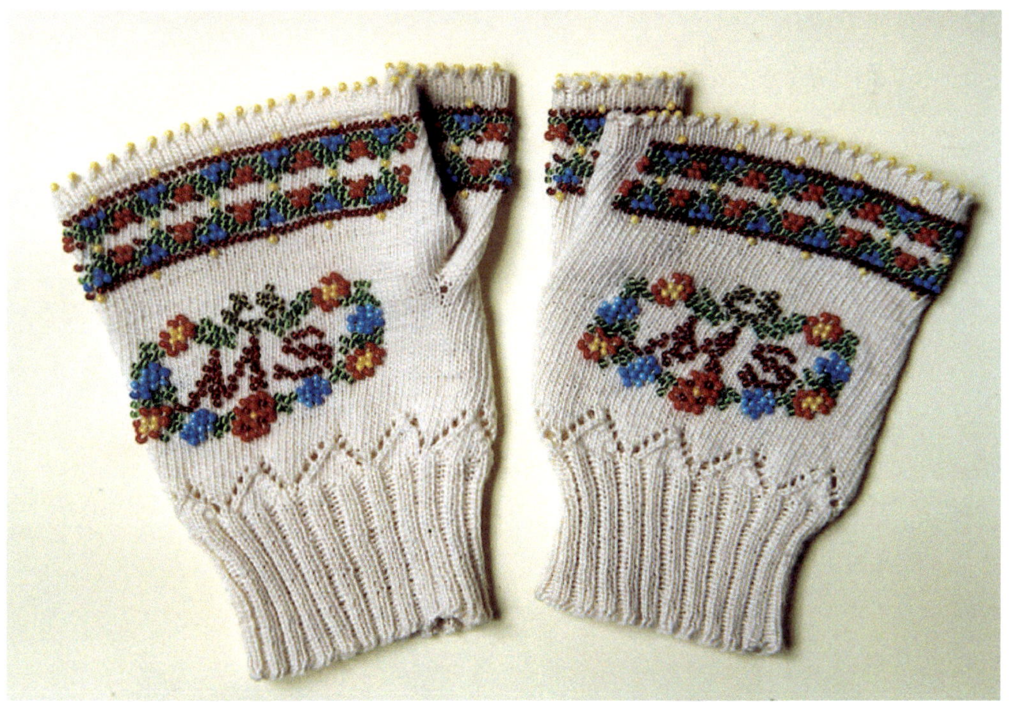
Staucher mit Kränzen und Monogramm (S. 93), gestrickt von Helga Ständecke 1995

Inhalt

Rund gestrickte Staucher 57

Muster und Bordüren 89

Ostpreußische Jostenbänder

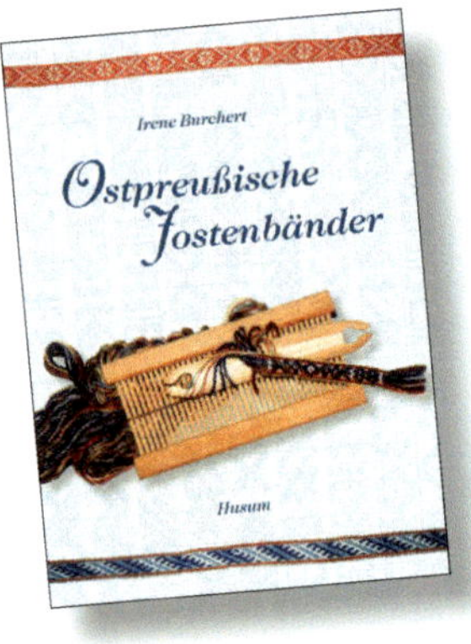

„Jost", altpreußisch für Gürtel, ist ein gewebtes, buntes Band zum Aufschürzen der Röcke oder als Schürzenband, in breiter Form auch als Gürtel oder Leibbinde. Es wurde einmal im Jahr auf dem Memeler Bauernmarkt zum Verkauf angeboten. Manch kleines Mädchen fing in Ostpreußen mit dem Weben des Jostenbandes bereits vor dem ersten Schultag an. Angeleitet von der Großmutter fertigte es sich das Band für die Schultafel. Junge Frauen webten vor der Hochzeit lange Bänder und schenkten sie den Schwestern ihres Mannes. Fast drei Meter lange Bänder mit bis zu fünfzig verschiedenen Mustern sind bis heute erhalten. Die schönsten dieser Muster hat die Webmeisterin Irene Burchert, Expertin für die textile Volkskunst Ostpreußens, gesammelt. Ihr Buch ist jedoch mehr als nur die Katalogisierung dieser traditionellen Muster. Es ist eine konkrete Anleitung zum Weben eigener Bänder. Die Muster sind jeweils einzeln aufgezeichnet und die Abbildung einer Probe zeigt die traditionellen Farben. Ein Buch also, das zum Erhalt dieses uralten Handwerks beiträgt, dessen Wurzeln bis in die Bronzezeit zurückreichen.

Irene Burchert
Ostpreußische Jostenbänder
32 Seiten, zahlr. farb. Abb., geh.
(ISBN 978-3-89876-364-6)